KB251977

냉수 한 그릇이고 싶습니다

냉수 한 그릇이고 싶습니다

한 종 우 지음

1판 1쇄 / 2007. 11. 18
발행처 / 말씀과만남
발행인 / 최 헌 근
등록번호 / 제20-444호
등록일자 / 1991. 6. 19

138-220 서울특별시 송파구 잠실동 339-3
Tel : (031) 594-6327, Fax : (031) 594-6328
전자우편 : mmpress@hanmail.net

ISBN 978-89-7508-213-9

정가 : 11,000원

냉수 한 그릇이고 싶습니다

한 종 우 지음

말씀과만남

이 땅에 존재하는 수많은 글들로 말하기엔, 목회의 언어가 너무 크고 신비하기 때문에 표현의 한계를 느낄 뿐임을 고백합니다. 그냥, 항상 손해보고, 속고 살았던 이 가슴의 순수함과 열정을 양들에게 눈물로 보여주고 싶을 뿐입니다.

아들의 목회를 위해 심장 터지고 온몸 찢기워진 부모님과 아내를 비롯하여 너무 많은 사람들의 숨겨진 희생이 있었기에 오늘 제가 있음을 고백하며 그분들에게 모든 영광 돌리며 시 한편으로 이 책의 문을 열어 보도록 하겠습니다.

천국에서도

지치고 상하여 넘어진 영혼을 위하여
길 잃고 마음 잃은 양들을 위하여
하얀 주님의 세마포 마음을 들고

상하기 쉬운
영혼을 위하여는
소금 같은
목자의 심장 같은
시의 바구니를 들고
언어의 보자기를 들고

십자가 노래

사랑의 노래 날리는
바람이 되어
가난한 영혼의 대지위에
주님의 생명 뿌리렵니다.

나의 생애
한편의 시가 되어
한편의 글이 되어
한편의 노래가 되어
당신만을 빛내다가

그 눈빛에 안기는 날,
그 기다림의 시간에
내가 들어가는 날.
세상에 들어내지도 않았고
세상의 옷을 입지도 않았던
당신이 주신 이 시를,
당신이 주신 이 언어를,
당신이 주셨기에
그 어떤 시와 말보다도
자랑스러웠던

이 시로 당신께 서겠습니다.
이 가슴의 언어로 당신 곁에 가겠습니다.

천국에서도 당신의 시가 되겠습니다.
천국에서도 당신의 글이 되겠습니다.

| 순서 매김　Contents

목자의 집념 – 14

우리가 배운 것 – 16

태조 왕건 신드롬과 목회 – 19

목사님! 주몽을 키우셨나요? – 22

인생의 LPGA 코치, 그리스도 – 25

생명의 천지개벽 – 28

보는 사람, 보이는 사람 – 31

밥상의 자리 – 35

인위적인(Artificial) 위의 힘 – 39

하늘의 평강으로 오소서 – 42

소나무 신앙 – 45

나무 이야기 – 49

큰 나무, 큰 인물 – 52

개나리 – 55

대로시대, 교육을 생각하며 – 58

진달래, 그것은 나의 부활 – 63

아버지의 자리 – 67

생명잔치를 위하여 – 71

가정의 힘 – 75

이런 열매로.... – 79

아버지 – 82

죽음보다 강한 것〈1〉 – 86

죽음보다 강한 것〈2〉 – 90

공동선교구역 – 94

깨뜨릴 수 없는 행복 – 99

예배는 얼굴 마주하는 기쁨으로… – 103

그리운 공간 – 106

냉수 한 그릇이고 싶습니다 – 109

디지털 영성 – 113

히에라 폴리스(파묵갈레)의 감동 – 116

히에라 폴리스에 흐르는 역사 – 119

왜 높아지려는가! – 122

고양이 해프닝 – 126

포기하기엔 늦은 사람들 – 130

거울 앞에 설 나이 – 133

대면할 준비 – 137

천지의 얼굴 – 141

크신 하나님의 신비 – 144

인류를 가슴에 품은 여인 – 147

토기장이의 솜씨 – 151

심력(心力)을 길러라 – 154

최선의 얼굴들 – 157

겨울 바다 – 161

기다림 – 164

보라 – 166

봄(Seeing) – 168

'놀이'의 비결 – 171

쉼에 대하여 – 174

겨울연가 – 177

임마누엘 – 179

희망의 쪽지 – 181

선택의 기준 – 184

장자못 메시지 – 187

파슬리의 기적 – 190

찬송의 힘 – 193

눈물을 보며 – 196

남을 헐뜯는 사람은 단명한다 – 198

비오는 것이 좋다 – 201

빛같은 사람 – 203

원초적 겸손 – 206

사랑의 흔적 – 209

겸허해져야 할 이유 – 211

행복한 결과 – 213

빛이 보입니다 – 214

우리의 얼굴 – 218

마음이 청결한 자... – 220

'홀로'를 즐기라 – 223

목자의 심정 – 225

알라신 – 228

절대 신뢰의 신앙 – 230

가만히 서서... – 232

화무십일홍(花無十日紅) - 235

작은 영성, 작은 행복 - 237

조금만 더... - 240

성도를 위한 목양기도 - 243

성도는 영생의 나무 - 245

이 말씀 이루신다면 - 247

행운목, 그리스도 - 249

이 산지를 내게 주소서 - 252

갈수록 깊은 사이 - 254

내 새끼니까 - 256

눈부신 나라에서 - 259

떨리는 사랑 - 262

나무와 목회 - 265

옷 - 268

주님 안에서 - 270

성전터 묵상 - 272

언어를 바꾸십시오 - 274

치유 받는 비결 - 276

하늘 샘의 시작 - 278

주시는 마음 - 281

내게 있는 것으로 - 284

뺄셈의 법칙 - 286

교환(交換) - 290

접촉 - 292

냉수 한 그릇이고 싶습니다

목양 칼럼이란 쥐어 짜내는 것이 아니라 삶이요, 깊이요, 내용이요, 자연스런 만남과 사건입니다. 그래서 인위적으로 만들어 내려고 할 때, 써내려 가지지 않고 숨통이 막히듯 답답합니다. 왜냐하면 목자의 마음을 잃어버리면 삭막하기 그지없고, 메마른 글귀가 어떤 징계나 판단으로 목양의 샘터에 흐르는 물결을 오염시킬 수 있기 때문입니다.

목자의 집념

목양 칼럼이란 쥐어 짜내는 것이 아니라 삶이요, 깊이요, 내용이요, 자연스런 만남과 사건입니다. 그래서 인위적으로 만들어 내려고 할 때, 써내려 가지지 않고 숨통이 막히듯 답답합니다. 왜냐하면 목자의 마음을 잃어버리면 삭막하기 그지없고, 메마른 글귀가 어떤 징계나 판단으로 목양의 샘터에 흐르는 물결을 오염시킬 수 있기 때문입니다.

목양칼럼은 잃어버린 한 영혼을 기다리듯이 인내와 애정과 열정이 필요합니다. 중간에 포기하면 한 영혼을 포기한 것 같은 아픔을 느낍니다. 이것은 한 영혼, 한 영혼을 사랑하는 목자의 심장을 꺼내 주는 일입니다. 언어로 표현할 수 없는 진실을 고백하는 일입니다. 무례한 입술의 언어를 승화시켜서 진실 속에 담는 글이며 눈물입니다. 최고의 예절입니다.

목양칼럼을 열어가다 보면 한없이 이해하게 되고, 용납하게 되고, 관용하게 되고, 수용하게 되고, 돌아보게 되고, 작아짐으로 커지게 되고, 낮아지고 부서짐으로 좀 더 거듭난 모습으로 서게 됩니다. 가장 중요한 것은 목자는 양을 기다려 주게 되고, 양은 목자를 기다려 주게 되는 마음의 풍요가 생긴다는 것입니다.

우리의 신앙생활, 어떻게 보면 기다림의 연속입니다. 기다리는 여유와 너그러움 없이는 믿음의 시간을 살아갈 수 없습니다. 하나님은 우리를 한없이 기다리시며 문 열어 놓고 계십니다. 기다림의 끝에 있는 잔치는 그야말로 계산 없는 사랑 표현의 극치입니다. 돌아 왔을 때, 기다림이 끝이 되었을 때, 그 축제는 최고의 잔치입니다.

목양칼럼은 목자가 양들을 기다리는 마음이라고 할까요, 기다림의 끝에 있는 잔치의 흥분을 미리 느껴 보는 것이라 할까요, 한 영혼의 전환과 회심을 기다리는, 강청하는 기도라 할까요, 뒤로 물러서지 않는 목자의 집념이라 할까요, 뒤를 돌아보지 않고 앞으로 나아가자는 우리 모두의 결심이기도 합니다.

사실 믿음으로 산다는 것은 뒤로 물러서지 않는 것입니다. 뒤를 돌아보지 않고 전진하는 것입니다. 윌리엄 캐리가 인도에 가서 첫 회심자를 얻어 세례를 주기까지 무려 7년이 걸렸습니다. 저드슨이 버마에서 첫 제자를 얻기까지 7년이 걸렸습니다. 모리슨이 중국인을 처음 그리스도께로 이끌기 까지 7년이 걸렸습니다. 모팻, 그가 아프리카 보츠나와에서 성령의 역사가 분명히 나타나는 것을 목격할 때까지 7년이 걸렸습니다. 헨리비쳐가 반자 반다마데카에서 첫 회심자를 얻기까지 걸린 시간이 7년입니다. 목양은 작은 자에 대한 최고의 관심으로 기다리는 것입니다. 이것이 목양이요, 목양칼럼입니다.

우리가 배운 것

우리는 성전건축 축제를 통하여 진정한 축제가 무엇인지 배웠습니다. 진정한 축제는 자기를 들어내는 것이 아니라 비우는 것임을 알았습니다. 내 뜻이 앞서는 것이 아니라 주님의 뜻이 앞서는 것임을 알았습니다. 제각기 자기 달란트가 빛나는 것이 아니라 달란트의 아름다운 연합과 조화라는 것을 배웠습니다. 강요하는 것이 아니라 이해하는 것이라는 사실을 배웠습니다. 조급함이 아니라 기다림이라는 것을 배웠습니다. 내가 하는 것 같지만 주님이 하시는 것이라는 사실을 알았습니다. 누구도 주장하지 않으며, 오해하지 않으며, 다른 생각 다른 입장에 서서 서로를 끌어안고 이해하는 감동임을 배웠습니다. 결국 진정한 축제는 십자가임을 알았습니다. 그리고 하나님의 뜻이 이루어지는 그 아침에 영혼의 깊은 노래를 한없이 부르는 것임을 알았습니다.

우리는 눈물을 타고, 노래를 타고 새 성전에 들어왔습니다. 어머니 품에 들어오듯이, 추운 겨울날 꽁꽁 언 손으로 군불 때놓은 방에 들어와 아랫목에 손 집어넣을 때 그 따뜻함 때문에 와락 울음을 터뜨리는 것처럼 성전에서, 당신의 가슴에서 한없이 울었습니다. 그리움이 풀어져서 울었고 감사해서 울었고 너무 따뜻해서 울었고 그 손길이 너무 위대해서 울었습니다.

지금 우리는 가슴 또 떨리고 있습니다. 주님이 몸 된 교회와 우리를 위하여 또 어떤 일을 행하실까? "내가 새 일을 행하리니 이제 곧 나타낼 것이라"는 말씀이 기억납니다. 좀 힘들고 부담스러울지라도 주님이 가시는 곳이라면 우리 마음도 가겠습니다. 주님이 머무시는 곳에 우리도 머물겠습니다. 주님의 뜻이 있는 곳이라면 미래에도 거룩한 축제를 위하여 우리를 또 접겠습니다. 끊임없이 무릎 꿇고 행복과 축복으로 피어나고 싶습니다.

주여! 우리를 세계화 영성화 문화화의 거룩한 도구로 써주소서.

몇 주 동안 새 성전에서 예배드리면서 읽을 수 있었던 우리 교우들의 얼굴들, 마음, 이것은 보통을 넘어서는 하나님이 받으시는 향기 그 자체였습니다. 새로 하늘샘의 식구가 되겠다고 온 사람들을 받아들이는 천사 같은 얼굴, 그 친절함, 그 언어와 매너, 너그러움, 수용력. 등, 이 모두가 여러분의 목사에겐 감동 그 자체였습니다. 하나님의 교회와 복음을 세우겠다는 하늘샘 가족들의 열정과 큰 마음이 한 편의 진한 예배처럼 제 마음에 지워지지 않습니다. 좋은 장로님들, 좋은 권사님들, 좋은 집사님들, 좋은 성도들, 모두가 하나님의 영광, 예수의 향기라는 아름다운 성령의 물로 물들어 있었습니다. 성전도 귀하지만 하나님은 하늘샘 토평교인들의 큰마음을 큰 예물 받으시고 축복하시고 크게 쓰실 것입니다.

이제 평신도가 춤추는 교회, 평신도가 꿈꾸는 교회에서, 당신의
달란트에 성령의 날개를 달고 끝없이 비상하십시오.

태조 왕건 신드롬과 목회

우리는 정치적으로, 경제적으로, 또는 교육적으로, 종교적으로 인물 때문에 말도 많고 탈도 많습니다. 갈피를 잡지 못하고 있는 우리 사회, 현대에 대한 진정한 리더십(지도력)을 원하는 "타는 목마름"이 극에 달아 있음을 짐작하지 않을 수 없습니다.

우리는 성경에서 야곱과 에서를 비교하듯이, 탕자의 비유에서 형과 아우를 비교하듯이 대상을 놓고 분석해 봐야 객관적이고 사실적인 실상을 정확히 파악할 수 있습니다.

두 주인공 궁예와 왕건은 아주 좋은 사례입니다. 홀로 결정하고 군림하는 '궁예형', 신뢰를 바탕으로 부하들을 믿고 맡기며 미래에 대한 방향을 제시하는 '왕건형', 이 두 나무는 열매로 그 나무를 알게 될 것입니다. 강성한 나무인지, 병든 나무인지를…

부하에 대한 리더의 신뢰와 배려는 무엇으로도 무너뜨릴 수 없는 '튼튼한 다리'입니다. 「인간경영」이란 책에서 저자 도몬 후유리는 일본 세 영웅의 리더십을 두견새와 관련하여 잘 비교하고 있습니다. 오라 노부나가는 두견새가 울지 않으면 바로 목을 쳤고, 도요토미

히데요시는 울 때까지 모든 수단방법을 동원했습니다. 반면 도쿠가와 이에야스는 두견새가 울 때까지 기다렸습니다. 결국 이중에서 최후의 승자는 끝까지 기다렸던 도쿠가와였습니다.

목회는 돌아올 때까지 끝까지 기다려 주는 것, 회개하여 십자가 앞에 눈물로 설 때까지 기다려 주는 것, 끝까지 문 열어놓고 믿어주는 것, 이런 것이라 생각해 보게 됩니다. 대책 없이 기다리는 것이 아니라 비전을 보여 주면서 기다리는 것, 그것일 것입니다.

탕자인 둘째 아들의 회심을 기다린 아버지가 돌아온 둘째 아들에 대한 귀향은 잔치보다 큰 행복이었습니다. 그런데 그 아버지는(아버지의 리더십) 작은 아들의 귀향 뿐 아니라 큰 아들의 귀향도 역시 원하고 있었다는 것입니다.

아버지의 행복을 이해 못한 큰아들은 끊임없이 불평하고 있지만 그 분은 두 사람이 한 식탁에 앉아서 자신과 더불어 기쁨을 나누기 원하십니다. 작은 아들은 스스로 용서의 포옹 속으로 들어왔지만 큰 아들은 뒤에 서서 아버지의 자비로운 모습을 보면서도 아직 자신의 분노를 삭이지 못하고 아버지의 어루만져주심을 외면하고 있습니다.

아버지는 강요하지 않습니다. 그냥 빛의 본체로서 사랑의 빛으로 들어오기를, 그것을 선택해 주기를 속없이 기다리셨습니다. 하나님은 이 자리에 늘 계십니다.

하나님의 용서도 여기에 있고, 하나님의 무한한 사랑도 여기에 있습니다. 분명한 사실은 하나님이 빛의 자리에 항상 계시며, 언제나 용서해 줄 준비를 하고 계시며 우리의 반응에 따라 절대로 변하지 않는다는 사실입니다.

내가 작은 아들이 됐든 큰 아들이 됐든지 간에 하나님의 유일한 소망은 나를 집으로 데려 오는 것입니다. 그래서 간신이 아니라 충직을 만드시는 것입니다.

궁예의 책사 아지태의 경우를 보면서 간신은 지도자의 절대적 신임을 무기로 전횡을 저지르며 자신의 야망을 위해 지도자의 약점과 야욕을 자극하고 부추깁니다. 간신 하나가 백 명의 충신을 사라지게 만듭니다.

간신은 백성의 뜻을 전하고 이를 따르기보다는 오직 군주의 욕구를 채우는 일에만 전념합니다. 간신은 국민의 신음을 보고 듣지 못하게 지도자의 눈을 가리고 귀를 막습니다. 영웅 견훤과 궁예를 무너뜨린 것은 적군이 아니라 간신의 감언이설과 그에 막혀버린 지도자의 눈과 귀였습니다. 자기를 세우려고 지도자를 감언이설로 이용하는 간신이 있듯이 자신을 세우기 위해 감언이설로 목회자를 눈멀게 하고, 자신이 세워지고 높아지지 않으면 하나님의 목회의 구조를 뿌리째 흔들어 보려고 하는 성도가 늘어난다면 목회는 희망을 상실합니다. 교회는 그리스도를 잃을 것입니다.

충신은 마음으로 군주를 사랑합니다. 간신은 입술로 사랑하고 마음 안에는 술수와 계략의 악마들이 우글거리고 있습니다. 하나님 앞에 충성스런 성도는 지도자(목회자)를 마음으로 사랑합니다. 불충한 성도는 입술로 사랑합니다. 그리고 마음은 술수와 계략으로 마귀의 조종을 받을 준비를 하고 있습니다.

목사님! 주몽을 키우셨나요?

아픈 마음만을 가지고 살았을 뿐 사람 세울 줄도 몰랐고 사람 구별할 줄도 몰랐습니다. 그냥 저같이 실수 많은 사람들을 보면 '저 사람도 내 몸 같다'라는 동질감과 애정이 한 번 더 갔을 뿐입니다. 저같이 쉽게 속을 드러내거나 속내를 들키는 사람을 보면, 그래서 속거나 이용당하는 사람들을 보면 내가 나를 아파하듯이 그들을 보고 아파했을 뿐입니다. 성질은 좀 급해서 앞뒤 안 가리고 뛰어들어 자기 십자가 자신이 만들어 몽땅 혼자 일을 뒤집어쓰고, 울고 있는 사람 보면 저 같아서 밤새 같이 울어주는 그 마음만 가지고 있었습니다.

모든 사람을 차별 없이 사랑하는 것이 제 목양의 절대원칙이지만 제 정서 속에 나도 모르게 마음 끌리고 좋아 하는 사람은 머리 좋고, 똑똑하고, 계산에 빠르고, 이해 타산적이고, 합리적인 사람이 아닙니다. 많이 배운 사람도 아닙니다. 배우든 안 배우든 좀 있건 없건 상관없이 완전히 허물어진 겸손한 사람이 좋습니다. 열심히 일하다가 품삯도 못 챙기고 갈라진 손등만 보여주는 그런 사람이 제겐 맞습니다. 아직 세련되지 않지만 앞으로 저의 가슴으로 만들어질 수 있는 사람이 좋습니다. 술수에 능한 사람들이 세상에서는 바보 같다고 말하지만 그 바보 같기 때문에 하나님이 기뻐하는 사람이 좋습니다.

그래서 하늘샘 토평교회 성도들은 저에게 꼭 맞는 양들이요, 우리 교인들도 목사 잘 만났는지 모릅니다. 저에게 많은 질문이 던져진 적이 있습니다.

"목사님! 목사님은 왜 준비 안 되고 다듬어 지지 않았다고 생각이 드는 사람들을 직분자로 세우시나요?"

그 물음에 제가 답변한 것은 한 문장에 불과합니다.

"아무개 성도님, 세상에서는 준비된 어떤 기준이 세움에 기준이 될 수 있지만 저의 눈에는 어떤 부분에 있어서 준비되지 않은 부족함 과 연약함이 세움에 있어서 최고의 기준이 됩니다."

장로님들을 세울 때에도, 권사님 집사님들을 세울 때에도 많은 이 의 제기가 있었습니다. 그러나 저는 성경에 쓰임 받았던 많은 사람들 의 부족한 부분이 성령님과 연결되었을 때 놀라운 역사를 일으켰던 순수함과 겸손함이 그들 속에 흐르고 있다고 확신했습니다. 그리고 일부 세워지는 사람들에게 이렇게 격려했습니다.

"당신은 하나님의 목회와 복음의 무대에 놀라운 파트너로 하나님 이 쓰실만한 자질과 가능성을 가지고 있습니다."

오늘 그들의 내려놓음과 빈 가슴에, '나 홀로 할 수 없다'고 하는 부르짖음 속에 하나님의 기운이 채워져서 훌륭한 직분자로 피어나고 있습니다. 앞으로 더 놀랍게 피어날 것을 확신합니다. 어떤 형제가 힘주어 제게 말했던 기억이 납니다. "목사님! 주몽이 먼저입니까? 목사님이 먼저입니까? 사람을 세우시는 것 보니까 주몽 같아서요.

주몽을 키우셨나요? …… 사람을 세우시는 것 보니까 우리 주님 같

다는 말도 들었습니다……."

인생의 LPGA 코치, 그리스도

꽁꽁 얼어붙었던 우리시대 동심의 겨울은 몹시 추웠습니다. 그런데도 추운 줄도 모르고 행복했습니다. 즐거웠습니다. 지금 14년 만에 찾아왔다고 하는 이 추위, 철원은 영하 27-8도 라고 하는 이 추위보다 더 깊은 추위를 끼고 살았습니다. 그러나 그때 겨울은 한없이 따뜻했습니다. 추위가 지금보다 나약했기 때문에 따뜻했던 것이 아니라 마음이 따뜻했기 때문입니다. 나눔이 진실했기 때문입니다. 거짓은 안방에 놓여 있는 화롯불에 던져버리고 화롯불에 둘러앉아 가까운 입김으로 얼굴과 얼굴을 대하는 숨김없는 눈빛의 대화를 했기 때문입니다.

방안에는 늘 청국장 냄새가 배어 있었어도 그것이 삶과 생명의 깊은 향수요, 화롯불 위에 끓는 청국장 하나만 가지고도 겨울을 충분히 녹일만한 힘이 그때 우리 속에 결집되어 있었습니다. 추위는 그 어떤 외부적인 힘으로, 외부적인 도구로, 외부적인 온도로 극복될 수 있는 것이 아니라 사람 속에 있는 그 '마음의 힘'으로 극복할 수 있는 신비라는 생각을 하게 됩니다.

80년대 중반, 시베리아 벌판 같은 날카롭고 살벌한 정치 추위가 한창 불어올 때 동장군의 대명사 철원벌판 한가운데서 군대 생활했어도, 지금보다 더 추웠는데도, 추운 줄 모르고 짬밥의 세월을 보냈습니다. 짓누르던 그 환경도 마음의 자유와 불을 끄지는 못했습니다.

어려움을 함께 나누고 부대끼는 그 깊은 마음으로 만남이 계속 즐거워지고 이어졌기 때문입니다. 보초서고 들어오면 페치카 옆으로 데리고 가 손을 비벼주고 등을 한번 두들겨 주는 그 에너지를 주었습니다. 그리고 페치카 위에서 군용 냄비 안에 끓고 있는 푹 삶아져서 배가 터지고 옆구리가 터진 건빵을 나눌 때의 그 뜨거움……. 그 어떤 난로도 따라올 수 없는 온도입니다.

그 따뜻한 마음을 입으로 씹어 가슴으로 넘길 때 사랑하는 사람들, 나를 위해 기도해 주는 사람들의 얼굴이 배 안으로 들어와 배를 가득 채웁니다. 그 자체가 뜨거운 온도요 난로입니다. 그래서 아무리 추워도 오히려 덥습니다. 너무 더워서 웃통을 벗고 눈 덮인, 그리고 얼지 않은 것을 용서하지 않는 철원 평야를 달리고 싶은 감동이었습니다.

우리 삶과 가장 밀접한 것은 돈입니다. 경제입니다. 그것을 커버해 주는 은행도 꽁꽁 얼어붙었습니다. "퇴직금이라도 건지려면 기업에 함부로 대출해 주지 말라", "감독기관과 상부의 지시는 문서로 받으라", "민감한 지시사항은 녹음해 근거를 보관하라" 예금 보험공사가 부실금융기관 임직원의 재산을 압류하고 공적자금 투입 은행장에게 경영혁신 계획을 책임지고 이행하라는 각서를 요구하자 기업대출을 기피하는 현상이 두드러지면서 은행권에 이런 말까지 등장했습니다.

참으로 춥습니다. 한빛은행, 국회청문회를 들어도 춥고, '마음' 잃은 거짓은 사람들을 더 춥게 만듭니다.

골프에 한참 물이 오를 때 골프 인생에 문제없다고 전담코치와 결별해서 홀로서기 했던 박세리가 지난해 한 번도 우승 못하고 대회 때마다 부끄러움 입어야 하는 얼굴도 추락했습니다. 그녀의 교만이 꺾어지는 LPGA 맹추위를 겪었습니다. 2001년 LPGA 개막전 우승은 그녀가 겸허한 마음을 찾은 것에 대한 보상일 것입니다. 그가 새로 만난 스윙 전담 코치 톰 크리버와 캐디 콜린칸의 도움이 자신의 허점을 보완해 주었다고 박세리가 밝혔듯이 혼자서는 자신을 볼 수도 없고 읽어 낼 수도 없었음을 깨달은 듯한 고백이었습니다.

이 추위에 외적인 추위는 물론 내적인 추위(정치, 경제, 종교적 추위)에 우리는 우리 자신을 읽어내는 훈련을 해야 합니다. 영, 육을 읽어내려면, 그리고 삶의 무대에서 승리하려면 그리스도를 코치로 삼아야 가능할 것입니다. 그 분은 정확히 보게 할 것입니다. 그 분은 함정이 많은 인생의 필드에 전문가이시기 때문입니다. 당신의 교만에 의해서 밀려났던 코치 그리스도가 당신을 점령하기 원하십니다.

생명의 천지개벽

가장 행복했던 기억, 잔치와 같은 감격, 혼인과 같은 설렘을 다시 찾게 된 기쁨 때문에 시간을 붙들고 감사했었습니다. 인생은 부러졌지만 영혼은 부러지지 않아 병든 우리의 신앙을 부끄럽게 만드는 부러지지 않는 감동을 정신질환자들의 보금자리 '양무리의 집'을 방문했었기 때문입니다. '인간은 무엇으로 사는가?'라는 톨스토이의 물음에 오랜만에 '사랑으로 산다'고 대답할 수 있었습니다. '이 땅에 왜 존재하고 있느냐?'라는 십자가의 물음에 '사랑하기 위해 존재한다'고 대답할 수 있었습니다.

지워지지 않는 기억이 있습니다. 이 기억은 때론 목회를 뒤돌아보게 하는 거울과 같은 역할을 하기도 합니다. 오산 '사랑방 재활원' 3년간의 만남. 이것은 만남이라기보다는 진한 눈물이요 인생이었습니다. 영혼의 천지개벽이었습니다. 김정일 위원장은 변모된 중국 상하이를 보고 놀라움을 숨기지 못하고 '천지개벽'이라는 감탄사로 마음의 흥분을 가라앉히지 못했지만, 영혼의 천지개벽은 눈에 보이는 눈물, 감동보다 더 크고 신비한 전율로 휩싸이게 만듭니다.

3년 동안 두 달에 한 번 찬양 선교단 찬양과 영혼의 눈물 가지고,

온몸의 몸짓으로 만났던 그들과 헤어질 때 주님과 헤어지는 것처럼 아픔이 저미어 왔습니다. 마치 천국과 헤어지는 것과 같은 몸부림이 제 속에 살아 있었다는 사실에 감사하지 않을 수 없었습니다. 주님께서 그 마음을 주신 것 같았습니다. 수 년 동안 280명의 정신질환자들과 함께 영적인 핏줄을 섞었던 사람들은 천국과 지옥의 차이를 분명히 배웠습니다. 그곳에 편리하고 쾌락적인 세속의 물결은 들어올 수 없었습니다. 그러나 주님의 강물은 쉬지 않고 들어와서 주님을 가장 귀한 분으로 모시는 그곳이 늘 천국이라고 생각했으니까요. 천국을 배웠던 것입니다.

재활원 살림이 어려워져 구조조정 때문에 그들과 헤어질 때 재활원 잔디밭에서 친교의 춤을 추면서 마지막 남아있는 따뜻함을 나눌 때 눈물이 앞을 가렸습니다. 그때 내게 고정되었던 그들의 순수한 눈 때문에 지금도 가슴이 아픕니다.

옹알이 하는 아기가 엄마를 바라보듯이 나를 바라보는 그들의 눈동자 앞에서 제가 뭘 잘했다고 감사패를 받고 그렇게 떳떳해 했는지. 평생 제 자신의 부끄러웠던 모습으로 증거하고 고백할 것입니다. 감사패를 받는 대신 그들에게 큰 절을 했어야 했습니다. 그들은 이 가슴에 천국을 심어주었으니까요. 사람이 무엇으로 사는 지 알 수 있게 해 주었으니까요.

몇 주 전에 목회여정 가운데 2년 만에 우리 하늘샘 토평 '가브리엘 찬양 선교단'과 함께 이천 '양무리의 집'의 20여 명의 영혼들 앞에 서보았습니다. 육체는 망가졌지만 때 묻지 않은 그대로의 생명을 만날 때 우리는 하늘을 만났습니다. 천국을 경험했습니다. 눈물로 천지개벽된 그곳에서 우리가 이 땅에 살아있는 이유를 들을 수 있었습니다. 기억상실증에 걸려서 괴로워하던 사람이 기억을 찾아서 외양간에서 나온 송아지처럼 기뻐하듯이 제가 살아있는 이유와 그 감격을 다시 찾은 것 같아서 너무 행복했습니다. 일어나 앉지도 못하고, 앞으로도 평생 누워서 살아 가야할지 모를 14살 "하늘이"의 해맑은 웃음과 찬양은 그의 이름처럼 우리 모두의 가슴에 하늘을 보고 사는 눈을 심어 주었습니다.

생명이 있는 것은 다 아름답습니다. 최재선 씨가 지은 「생명이 있는 것은 다 아름답다」라는 책에는 생명의 신비함과 아름다움을 묘사하고 있습니다. '동물도 남의 자식 입양한다', '흡혈 박쥐의 헌혈', '동물도 죽음을 애도한다', '가시고기 아빠의 사랑', '갈매기의 이혼' 등의 동물들과 인간의 사랑 이야기를 엮어가고 있습니다.

동물들도 생명을 사랑합니다. 영혼 없는 몸인데도 거기에 생명을 걸 줄 압니다. 그런데 동물들도 남의 새끼를 돌보는데 우리나라가 입양아 수출국의 별명을 달게 된 안타까운 사실을 말합니다. 흡혈박쥐도 배고픈 동료들에게 피를 나눠주는데 수많은 지하철 입구에서 자발적으로 헌혈하는 사람을 한 번도 본 적이 없다고 개탄하는 대목을 읽으면 괜스레 얼굴이 달아오릅니다.

인생을 알면 사랑합니다. 천국을 알면 사랑합니다. 그리고 십자가를 쫓아가면 쏟아놓습니다. 분명히 우리가 붙들고 있는 천국의 자리에서, 십자가의 자리에서, 생명의 천지개벽은 이루어질 것입니다.

보는 사람, 보이는 사람

생각의 차이, 정도의 차이는 있을 수 있습니다. 그러나 요즈음의 경영은 돈보다도 관리기술 보다도 사람(3M)을 그 으뜸으로 삼고 있습니다. 나라를 경영하는 일이나 기업을 경영하는 일이나 교회를 경영(목회)하는 일이 다 인물을 중시한다는 것은 뼈아프고 바람 많았던 역사를 통해 체험한 상식이 아닐 수 없습니다.

그런데 인물을 찾아내기란 그리 쉬운 일이 아닙니다. 쉬운 일이 아니라고 포기할 수 있는 그런 문제도 아닙니다. 내 자신이 굴절되어 있고 바르지 않으면 바른 사람이 보이지 않습니다. 바른 사람이 바른 사람을 알아보는 법입니다. 건강한 씨앗이라야 생명활동에 지장이 없고 자기 속성을 마음껏 피워내듯이 바른 사람이라야 건강한 활동과 건강한 열매를 환경과 관계없이 도출해 낼 수 있기 때문입니다.

궁예의 관심법(觀心法)으로 인물을 찾아낼 수 있는 것도 아닙니다. 관심법은 철저히 욕심에 이끌린 편견임에 틀림없습니다. 그래서 욕망을 이루는데 걸림돌로 보이는 인물은 바른 인물이라도 용서나 이해나 포용이 되지 않는 것입니다. 그리고 욕망이라는 이름으로 생명을 짓밟아 버리고 생명을 부러뜨려 버리는 것입니다. 삶에 대한 기회를 주는 아량은 없고 기회주의적 사고만 있을 뿐입니다.

　기회주의적 역사관과 기회주의적 사고가 흐르는 사회 일본, 객관적인 시각으로도 그러하지만 자신들 스스로를 열고 보았을 때에도 일본을 이어갈 인물이 없다는 갈등에 몰려서 신음하고 있습니다. 이러한 정서의 강물에 파장이 일어나기 시작했습니다. 한 젊은이 때문입니다.

　철도에 술이 만취해 쓰러져 있는 한 사람, 한 생명, 열차를 기다리는 사람은 모두 보았을 것입니다. 그러나 두 눈으로 보았다고 다 보이는 것이 아닙니다. 마음의 눈으로 보아야 보이는 것입니다. 이성의 불빛으로 보아야 보이는 것입니다. 그냥 보는 것은 보는 것이 아니라 구경입니다. 관람입니다. 책임의식이 없습니다. 그러나 마음의 눈, 이성의 불빛으로 보면 보입니다. 사람이 보입니다. 생명이 보입니다. 술 취해 쓰러진 사람 위로 열차가 덮쳐오는 순간 일본 유학생 이수현은 보이기 시작했습니다. 진실로 본 사람, 보인 사람은 그 한사람밖에 없습니다. 보이니 뛰어들었습니다. 끝내 구하지 못하고 달리는 열차바퀴 속으로 산화해 버렸지만 역사를 본 사람은 그 한사람으로 영원히 기억될 것입니다.

　전후좌우를 재지 않고 신제국주의를 향해서 질주하던 일본 역사가 한국 한 젊은이의 눈앞에 드디어 멈추어 서버렸습니다. 그리고 이대로 더 달려야 할 것인가? 질주하는 것이 우리에게 어떤 의미가 있는가? 사람 없이 달리는 것이 일본에 희망이 있는가? 묻기 시작했습니다. 그리고는 사람은 한국에 있어. 그 사람이야...라고 기회주의적으로 질주하는 일본 정치, 경제, 문화, 종교, 교육 등... 말하기 시작했다는 것입니다. 이수현은 죽어서 위대한 지도자입니다. 잘 봄으로 감동적인 지도자입니다. 그의 카리스마 앞에 고개들 사람은 별로 없을 것입니다.

그러나 일본인들의 겸허해 보이면서도 사건에 대면하는 지혜로운 면을 예의주시해 보아야할 것입니다. 이번 사건을 극대화해서 자신들을 보는 모티브, 구심점으로 사건화 했다는 것입니다. 이런 유모가 있는 정치상황이기 때문에 가능하리라고 봅니다.

일본에 한 애꾸눈 의원이 있었습니다. 그런데 그 사람은 회의 때마다 강력한 반론을 제시하곤 했습니다. 그러자 다른 의원들이 "당신은 눈도 하나밖에 없어. 제대로 못 보면서 왜 그렇게 박박 우깁니까?"라고 항의를 합니다. 그러자 그가 "바로 그겁니다. 당신들은 두 눈으로 봐서 헷갈리지만 저는 한 눈으로 보기 때문에 일목요연하게 볼 수 있는 겁니다"라고 대답했습니다. 잘 보면 어디서든지 이깁니다. 잘 보는 사람이 지도자입니다. 다스리는 사람입니다.

우리에게 있어서 문제는 골리앗이 아닙니다. 물매와 돌이 문제입니다. 어떤 물맷돌을 가지고 거인 앞에 설 것인가? 하는 문제입니다. 선험적으로 요구되는 물맷돌은 "내가 이 문제와 씨름해야 하는가?" "이 일에 에너지와 노력과 시간과 헌신을 쓰기에 진정 합당한가?" "위험을 감수할 정도로 가치가 있는 일인가?" 하는 합당한 동기가 세워질 때 거인은 이미 넘어진 것이나 다름없습니다. 동기가 세워지니 보였기 때문입니다.

이 동기가 세워진 아빠는 불이 난 아파트 10층에서 사랑하는 딸을 온 몸으로 부둥켜 감고 뛰어 내릴 수 있었던 것입니다. 이 동기가 세워지면 죽음이 두렵지 않습니다. 이 동기가 세워진 다윗은 땅도 초목들도 다 울고, 그 어떤 권세도 자취를 감춰버린 두려움의 자리에, 골리앗 카리스마가 질주하는 그 자리에, 조금도 두렴 없이 서 있을 수 있었던 것입니다.

소견이 좁은 사람은 소원을 갖고 도량이 넓은 사람은 대의를 갖습니다.

밥상의 자리

　가족이 생명공동체임을, 운명공동체임을 알게 하는 단어는 '식구(食口)'입니다. 그래서 '우리 식구'라는 말을 자주 사용해 왔습니다. 한 밥상에서 같이 밥 먹는 사람, 한 밥상에서 공급해야 할 입의 숫자를 말하는 것입니다. 이 숫자에서 제외되면 식구가 아니거나 죽은 것과 다름없는 것이라 생각했습니다. 식구가 하나 줄었다고 하는 것은 죽어서 이 세상 사람이 아니라는 것으로도 생각했습니다. 그러니 먹는 것은 참으로 중요하고, 밥상은 참으로 끈질긴 인연을 우리와 맺고 있습니다.

　나이가 들어 기력이 실핏줄처럼 남아 있을 때까지 밥상에 앉습니다. 병석에 누워서도 밥상에서 양식을 먹고 이 세상을 떠납니다. 잘 잡숫고 가야 보는 사람도 마음이 편합니다.

　밥을 생각하고, 밥상을 그리워하면 제일 먼저 예수님의 얼굴이 떠오릅니다. 예수님은 "떡집"이라는 별명을 가진 베들레헴에 탄생하셨습니다. 그것도 말 밥통 위에 태어나셨습니다. 그리고 자라시면서 밥이 많이 먹히는 힘든 직업 목수 일에 땀 흘리셨고 공생애를 시작하면서 제일 먼저 잔칫집에 들어가셔서 당신의 기적을 누에가 실을 토해내듯이 먹을수록 더 신선한 것이 나오는 포도주의 기적을 행하셨습니다. 먹는 것이 빠진다면 잔치의 생명, 모임의 생명력, 인간 만남의 생명력이 소멸된다는 것을 아시는 예수님은 포도주가 바닥나자 여러 항아리에 물을 입구까지 채운 뒤 물을 포도주로 변화시키자 잔치가 살아나기 시작했습니다. 마치 꺼지던 불씨가 살아나서 모닥불을 피운 것처럼 웃음과 흥이 피어나기 시작했습니다.

예수님은 친히 말씀하시기를 "나는 하늘로서 내려온 산 떡이니 나의 줄 떡은 세상의 생명을 위한 내 살이라"고 하신 때 제자들이 "주여, 이 떡을 항상 우리에게 주옵소서" 라고 부탁했습니다. 그때 예수께서 "내가 곧 생명의 떡이니 내게 오는 자는 결코 주리지 아니할 것이요 나를 믿는 자는 영원히 목마르지 아니할 것이라"고 말씀하셨습니다. 성경에서 떡을 서양 사람들은 빵이라고 표현했고 우리 한국 사람에게는 '밥'이라고 표현함이 정확하다고 봅니다.

예수님 자신도 잘 잡숫고 사람들이 먹는 자리에, 밥상의 정을 나누는 자리에 가시는 것을 아주 즐거워하셨던 것 같습니다. 그래서 그분에게 '먹기를 탐하는 자'라는 별명을 대적자들이 붙여 주었습니다. 부활하시고 나서도 갈릴리에서 153마리 고기를 잡아 제자들과 함께 밥상을 나누시면서 사랑을 확인하시는 일을 하셨습니다. 예수님의 생애는 먹는 것과 떼려야 뗄 수 없는 깊은 삶의 철학이 들어 있습니다.

그런데 이 땅에서 먹는 밥은 아무리 씹어 먹어도 죽습니다. 잘 먹어도 언젠가 죽습니다. 요즘 유행하는 생식을 해도, 선식을 먹어도, 육식을 먹어도, 채식을 먹어도 죽습니다. 살려고 먹었는데 산 사람은 한 명도 없고 결국 그 밥을 먹고 모두 죽었습니다. 우리가 이 세상에서 먹는 밥은 다 죽음에 이르는 밥이요, 결국 죽음에 이르게 됩니다. 그러나 예수님은 "나의 살은 곧 세상의 생명을 위한 살이로다" 하시며 이 살을 우리에게 먹게 하심으로 우리를 영원히 살게 하셨습니다. "인자의 살을 먹지 아니하고 인자의 피를 마시지 아니하면 너희 속에 생명이 없느니라."

잘 잡숫고, 먹는 모임이면 암과 투병하면서도 활짝 웃음으로 우리 곁에 있었던 안병학 장로님이 지난 주간 우리의 밥상을 영원히 떠나셨습니다. 이제는 우리 식구가 아니라 하늘 식구가 되셨습니다. 지난해 기획위원회로 모여 퇴촌 송어회집 '태령'에 함께 갔던 기억이 새롭습니다. '회'의 빛깔과 맛이 좋아 맛있고 행복한 모임을 가졌습니다. 그 음식이 장로님이 저에게 사주신 음식의 처음이자 마지막이었는데, 그 맛이 저를 끌어당겨서 쉬는 월요일에 아내와 몇 번 다시 갔었습니다. 오늘 이후로 다시 그곳에 가면 안 장로님 얼굴이 떠올라서 목이 좀 멜 것 같습니다. 그러나 시간이 지나면 육신의 양식만큼이나 하나님의 양식을 그리워하고 맛있어 했던 장로님으로 목회의 한 페이지에 남아 있을 것입니다.

육신의 양식이든 영의 양식이든 '밥상의 자리'에 자주 앉고 즐거워하는 것은 참으로 중요합니다. 적극적으로 참여하다보면 우리 자신이 밥이 될 수 있기 때문입니다. 밥이 되기 위해서 씨앗에서 싹이 나고 자라면 베어서 키질하여 알곡으로 빻아 뜨거운 불에 익힙니다. 이와 같이 예수님은 밥이 되시기 위해서 죽으셨습니다. 하늘 생명이 이 땅에 와서 자라나 십자가에서 죽으시고 가루가 되고 성령의 불로 익혀져 생명의 밥이 되셨습니다.

예수님은 '하늘 양식'으로 오셨습니다. 썩지 않는 밥이며 생명의 밥입니다. 예수 그리스도께서 자신의 생명을 희생해 만들어 주신 밥입니다. 예수님은 이 생명의 밥을 나누어 먹으라고 우리를 초청하시고 밥상의 자리를 떠나지 말라고 말씀하십니다. "나를 떠나서는 너희가 아무 것도 할 수 없음이라."

인위적인(Artificial) 위의 힘

뒤늦게 군입대하여 동기생 하나 없이 나 홀로 배치된 철원 문혜리, 모래바람만 이는 그 벌판, 포병 훈련장, 잊을래야 잊을 수 없습니다.

군대는 동기가 서로 힘이 되고 위로가 되고 에너지가 되고 붙들어주는 언어가 되는 것인데 하나님은 사단 보충대에 10주 훈련을 마친 뒤 홀로 그 부대에 서도록 하셨습니다. 홀로 내 존재를 확인해야 하고, 나를 지켜가야 하는, 그리고 나를 잃지 않아야 하는 마라톤 경기와 같은 생활을 해야만 했습니다.

어느 날 철원 문혜리 포병 훈련장 흙먼지를 뒤집어쓰고 야삽으로 땅 파는 훈련을 하다가 이렇게 세월 보낼 수 없다고 "하나님 저 복음 전하다가 제대하게 해주세요" 기도했던 기억이 들려옵니다.

부대교회(충성교회)는 하나, 교회는 담당할 군종병도 하나, 그 하나의 주인공이 되고자 긴 시간을 기도했습니다. 그 하나를 위해 일 년을 기도했던 것 같습니다. 신학생들이 유난히 많아 군목이 시험을 치러서 그 하나의 주인공을 뽑는다는 것입니다. 하나님이 이미 나를 지명했고 불렀다고 믿었는데 군목의 인간적인 방법과 시험이 좀처럼 맘에 들지 않았습니다.

그래서 다른 사람들은 논문을 수 십장 써내고, 신앙고백서를 제출하고 군 교회 운영원칙을 써내도 저는 그 제도가 맘에 들지 않아 하나도 제출하지 않고 있다가 주위의 종용으로 단 하나만을 제출했습니다. 단 하나도 한 줄에 불과했습니다. 신앙고백이나 군 교회 운영원칙이 포함된 언어 "나는 문혜리 훈련장, 그 벌판의 모래바람을 맞으면서 이 날을 기다리고 준비해 왔습니다." 이게 전부였습니다.

그러던 어느 날 말 많고 표현 많은 경쟁자들을 물리치고 그 하나의 주인공이 되었던 그 교회(충성교회)에 지난 월요일(2001년 2월 12일) 아내와 함께 다녀왔습니다. 저는 가슴에 동요가 일어나 그때의 열정과 감동이 되살아나는 듯 했는데, 아내는 아무 감동도 느낌도 없는 듯 했습니다. 결혼하기 전에 군대를 먼저 보내서 그 짜릿하고 스릴 있는 감동을 느끼게 한 후에 결혼할 걸 그랬나 봅니다. (여군!)

잠시 과거로 시간여행을 해보았습니다. 건물의 많은 부분이 현대식 건물로 바뀌어서 멈칫 했는데, 동네 아이들을 전도하기 위해 주일 이른 아침 위병소를 피해 밖으로 나오는 길을 만들어 놓았던 그것, 울타리 밑의 개구멍은 온데간데없이 시멘트 콘크리트로 된 담으로 틈 없이 막아 놓았습니다. 그런데 눈을 감으니 때 묻지 않은 영혼 그대로의 영혼을 만나러 나왔던 그 길(개구멍)이 보이는 듯 했습니다. 그때 열정이라면 이 시멘트 콘크리트로 된 담도 구멍을 낼 수 있을 것만 같았습니다. 인위적인(Artificial) 방법으로 막는다 해도 영혼이 보이면 장벽, 법률, 제도가 문제가 될 이유는 없습니다. 길을 내면 되니까요. 길을 내는데 목숨 걸면 되니까요. 안되면 지붕이라도 뚫어서 길을 내서 중풍병자를 달아 내린 중풍병자 친구들의 열정처럼 말입니다.

현대인의 조급증, 황금만능주의, 편리주의는 이러한 열정을 빼앗아 갑니다. 부모들의 불안 심리는 아이를 걸음마와 함께 학원으로 내몰아쳐 글자, 숫자 익히기에 숨 가쁘고, 하나의 기능인으로서 만들어져 가고 있습니다. 인위적인 방법만 있을 뿐입니다. 가정의 신비와 아이들의 세계 속에 숨겨 있는 신비한 정서가 무시되고 있습니다.

더 깊은 위험은 신앙인들의 의식까지도 황금만능주의의 포로가 되어버렸습니다. 법도, 권력도, 학문이나 결혼까지 돈 앞에는 심히 무력합니다. 이 시대의 최고의 신은 돈이요, 돈이 유일한 목표요 능력이 되었습니다. 중요한 것은 일과 돈을 통해서 무엇을 할 것인가 하는 판단입니다. 돈이 남을 섬기고 복음의 역사와 교회 봉사에 공헌하고 그럼으로써 자신의 삶을 풍요롭게 하는 건강한 모습이라면 바람직하겠지만 지배의식과 패배의식 속에서 돈과 일에 노예가 되는 것은 불행한 일이 아닐 수 없습니다.

진리이신 하나님의 기준에 맞추어 모든 인위적인 노력, 방법, 인위적인 힘에 만족해하고 행복해하는 것을 정리하는 시간이 필요할 것입니다. 인위적인 위의 힘이 하나님에게 있습니다.

단 하나의 주인공은 하나님으로만 행복해 할 수 있는 마음이 준비된 사람에게 맡겨지게 되어 있습니다.

하늘의 평강으로 오소서

흰 눈이 펑펑 쏟아지던 날. 그 흰 눈이 마음에 내려앉고 목회에 내려앉던 그날, 강아지처럼 아무 계산 없이 밖으로 나갔습니다. 눈이 많이 와서 교통체증이니 접촉위험이니, 사고의 위험이니, 잠시 그런 것 주머니 속에 넣어버리고 눈의 정서를 마시기 위해 Y집사님 차에 집사람과 함께 몸을 실었습니다.

차창 밖으로 시루떡처럼 굵게 내리는 눈의 행렬을 보면서 어린 아이와 같은 집사람의 눈빛을 봅니다. 교인 돌보고 사랑한답시고 목회와 교회 행정에 치어서 여유 있는 쉼의 시간을 열어주지 못한 지금까지의 목회 여정에 미안한 마음이 가득 밀려와 눈물이 날 뻔 했습니다.

"차라리 저 많은 눈송이들이 내가 당신 앞에 흘리는 참회의 눈물이었으면 좋겠소"라고 생각하면서 내 마음을 집사람 앞에 표현해주는 눈이 고마웠습니다.

육신의 눈으로 보이는 세상은 우리에게 감동을 주기보다는 상처를, 실망을, 더러움을, 위선을, 파괴를 안겨줄 때가 더 많습니다. 그래서 마음은 늘 불안하고 평안이 없습니다. 그래서 보지 않거나 눈을 감게 되면 오히려 평안해 집니다. 잠시 잊혀지니까요.

사람에게 있어서 잠자는 시간이 제일 행복한 시간인지 모릅니다. 보지 않고, 듣지 않고, 부딪치지 않을 수 있는 성역의 시간입니다. 구별된 시간입니다. 세상에 어떤 사건이 일어나도 그 일에 대해서 잠이 다 덜어줍니다. 잠은 하나님의 선물입니다.

흰 눈으로 덮으니 세상이 일치됩니다. 세상의 색깔과 분노도 하나의 색깔로 통일되어 세속의 다양한 색깔은 더 이상 보이지 않습니다. 더러운 것이든 깨끗한 것이든 보이는 것은 하나도 없습니다. 세상의 색깔과 개성이 보이지 않으니 하나님이 보이는 것 같습니다. 세속이 보이지 않으니 하나님이 선명해집니다. 하나의 색깔 때문에 땅에 있는 것들을 생각하지 않으니 육체가 없는 듯, 수고하고 무거운 짐을 다 벗은 그런 자유함이 작은 우주인 저의 마음에 내려앉기 시작했습니다. 내 마음이 눈송이들이 내려앉는 우주 정거장이었다 할까요.

그러나 눈 밑에 세상은 여전히 더럽고, 여전히 치열한 것이고, 여전히 미워하고 싸우고 견제하고 있을 것입니다. 우리는 세상에는 아직도 쓰레기와 수많은 더러운 것들이 있다는 사실을 잘 알고 있습니다. 그러나 아무도 그 눈 덮인 하얀 세상을 보고 더러움을 생각하지 않습니다. 흰 눈의 풍성함이 모든 것을 덮은 것입니다. 하우스 피해 입은 아픈 사연도 있지만 긍정의 눈을 뜨고 부정의 현실을 벗어버리면 새 힘이 날 것입니다.

몇 일전 목회 방문차 서해에 들렀다가 무한대로 펼쳐진 바다 앞에 서서 바다의 평화를 실컷 마셨습니다. 그 바다 속에서 생존을 위한 어류들의 치열한 싸움이 계속되고 있다는 사실을 잘 압니다. 그러나 끝이 없이 펼쳐진 바다를 보면서 어류들의 싸움이나 죽음을 생각하는 사람은 아무도 없습니다. 평화를 누릴 따름이며 그 평화의 풍성함이 모든 것을 압도해 버립니다.

기독교인의 행복은 고난이 없는 행복이 아니라, 고난 속에서 하늘 보는 행복입니다. 고난 속에서 성령의 눈발에 마음을 적시는 그런 행복입니다.

슬픔, 역경, 고통은 계속 될 것입니다. 그러나 주께서 주시는 하늘의 기쁨이 흰 눈처럼 우리를 덮을 때 우리는 땅의 슬픔과 상처를 이기며 하나님이 주유해 주시는 평강의 에너지로 파도를 가르는 역동적인 항해를 넉넉히 해낼 수 있을 것입니다.

소나무 신앙

인류는 지금까지 편안함을 추구해 왔습니다. 그래서 편안안 사람을 좋아하고, 편안한 계곡물을 찾고, 편안한 바다를 바라보면 편안해지고, 편안한 풍경을 찾아 나서는데 주저하지 않습니다. 그리고 그 어떤 편하지 않은 모임이나 생각이 있는 곳에 마음을 들여놓지 않으려고 하는 것이 우리네 생활방식 인듯합니다.

지난주 방문했던 철원 장흥교회는 가장 힘들었던 수난의 격동기를 순교적 신앙으로 버텨온 교회입니다. 교회를 감싸고 있으면서도 늘 편안하고 변화도 없고 마음 든든한 것이 서 있습니다. 소나무입니다. 그 울타리 안쪽, 교회 건물 좌측에 서기훈 목사님의 순교 비석도 소나무처럼 든든하게 서 있습니다. 순교 비문 좌측면에는 "한 알의 밀이 땅에 떨어져 죽지 아니하면 한 알 그대로 있고 죽으면 많은 열매로 맺느니라"(요 12:24), "나를 믿는 자는 죽어도 살겠고 무릇 살아서 나를 믿는 자는 영원히 죽지 아니하리라"(요 11:25-26) 라는 말씀이 쓰여 있고 우측면에는 고인이 순교 전날 지은 시가 비문에 쓰여 있습니다.

"死於當死　非當死

生而求生　不是生" (죽을 때를 당해서 죽는 것은 참 죽음이 아니요, 살면서

생을 구하는 것은 참 생이 아니다) 라고 새겨져 있습니다. 목사님이 체포당하기 전날 밤 1950년 12월 31일 장흥교회 권오창 속장이 방문하니 이 구절을 써놓았다고 합니다. 그는 죽음을 예상했던 것 같습니다. 사명을 끝까지 지키는 소나무 신앙입니다.

모든 소나무들이 개성 있게 뻗어있고 자신의 독특성을 고집하면서 다투고 있는 것처럼 보이지만 너무도 편안한 아버지의 가슴처럼, 남편의 가슴처럼 느껴집니다. 한국의 가슴처럼 느껴지기도 합니다.

우리 민족의 수난과 시련의 역사에는 늘 소나무가 있었고 함께 아파해 주었습니다. 역사의 산 증인이며 산 눈물입니다 말없이 다 듣고 다 보았습니다. 충신이 간신 되는 것도, 돈으로 나라 팔아먹는 사람들도, 전쟁의 생명파괴도, 민중들의 민주주의를 위한 함성과 핏자국도, 어제의 친구가 오늘의 적이 되는 것도, 종군위안부 처녀들의 피맺힌 절규와 총각들의 생체실험의 현장도, 매국노들의 간악한 양심도, 양떼를 지키기 위해 원수 사랑을 가르치기 위해 새벽종을 치다가 공산군에 끌려가 순교한 서기훈 목사님의 순교 현장도, 정치논리로 나라의 중심을 파먹는 벌레 같은 사람들도 다 보고 다 들은 산 증인은 소나무입니다.

지금도 보고 듣고 있는지 모릅니다. 하나님의 눈동자처럼. 소나무는 그 어떤 소용돌이에도 타협하거나 변화되지 않고 든든한 아버지의 가슴으로, 이 민족의 양심으로 서 있습니다.

소나무만 보면 늘 든든하고 평화스럽습니다. 평화의 상징인 비둘기는 소나무에 자기의 보금자리인 둥지를 많이 만드는 것을 어린시절 많이 보았습니다. 여기에는 깊은 의미가 있는 듯합니다. 그때에 저는 비둘기 알이나 비둘기 새끼를 꺼내오려면 소나무를 찾았고 그 든든한 소나무 가지 위에서 평화스럽게 음식을 나눠 먹는 비둘기 가족의 편안함을 많이 목격했습니다. 소나무보다도 못한 어린 나는 소나무에 올라가 비둘기 가족의 평화를 깨뜨린 적이 몇 번 있습니다. 그것도 소나무가 보았을 것입니다. 그러나 그때나 지금이나 소나무는 그 너그러움과 편안함으로 지금은 조금 철이든 저를 대견스럽게 바라봐 주고 있으니 감사할 뿐입니다.

변화무쌍한 요즘 사람들. 부부관계가 그렇고, 신앙이 그렇고, 하나님에 대한 태도가 그렇고, 친구관계가 그렇고, 부모와 자녀관계가 그렇습니다. 모든 인간관계가 변화무쌍하여 진실한 소나무 같은 마음을 찾아보기 참으로 힘이 듭니다.

소나무를 교회와 연관시켜 생각해 보니 주님의 설교가 소나무 가지마다 머물러 있는 듯합니다. 소나무의 편안함과 든든함은 우리 인생과 신앙을 향한 하나님의 깊은 메시지가 들어 있습니다. "첫 번째 메시지는 이 땅에 수고하고 무거운 짐 진 자들이 찾아 올 때 그들을 편안하게 쉬게 해 주는 곳이 교회란다. 두 번째 메시지는 신앙은 하나님의 가슴에 늘 안겨 있는 것처럼 마음 든든한 것이고, 하나님 아버지의 마음이 변하지 않는 것처럼 변하지 않는 것이 신앙이란다."

하나님의 자녀 된 신분에서 떠나 수많은 방황의 길에서 머뭇거렸던 시간들은 소나무 같은 지속성이 우리에게 없었기 때문이었음을 고백하지 않을 수 없습니다. 회개하여, 요동하지 않는 하나님을 향한 자세로 서 있어야 할 뿐만 아니라 우리에게 끊임없이 다가오는 수많은 사람들에게 예수 그리스도의 구원의 편안함과 복음의 든든함을 보여 주어야만 할 것입니다. 그리고 당당히 서서 변화의 물결을 복음의 물결로 변화시켜야 할 것입니다. 이것이 신앙이요, 충성입니다.

나무 이야기

　어설픈 독재자 일수록 그 통치에 총칼을 많이 이용하는 것을 볼 수 있습니다. 지혜롭지 못한 부모가 지나친(매를 댈 때도 있지만) 매질과 잔소리로 자식을 키웁니다. 함부로 행한 톱질과 가위질은 나무를 멍들게 합니다.

　인간의 발길이 닿지 않은 원시림에 가보십시오. 가위구경, 톱구경도 하지 못한 그 나무들은 자연 그대로 당당하고 훌륭하게 자라 있습니다. 그것을 모방하고 재연시켜 보려고 자르고 깎아내고 구부려본들 어디 자연 그대로의 모습과 비교할 수 있겠습니까.

　역설적이기는 하지만 가위질은 가급적 하지 않고도 나무 키우는 사람이 나무를 잘 키우는 사람일 것입니다. 같은 종류 같은 크기의 나무를 총총히 밀식하여 보십시오. 햇빛을 많이 받으려고 위로위로 경쟁하면서 자라는 것을 볼 수 있습니다. 그 경쟁에서 지면 죽기 때문에 옆으로 가지 뻗을 사이가 없는 것입니다. 그래서 나무를 곧게 키우려면 같은 크기의 나무를 밀식시켜 경쟁시키면 됩니다.

　반대로 사과나무 과수원에서처럼 간격을 뜸뜸이 두고 심어 보십시오. 햇빛을 위에서 뿐 아니라 사방에서 받을 수 있기 때문에 구태여

위만을 택하지 않고 가지를 사방으로 펼치며 자랍니다. 개울가나 연못가에 있는 나무를 보십시오. 물에 반사되는 햇빛을 받으려고 물 쪽으로 굽어져 있으며, 반사광을 받기에 편리하도록 가지가 펼쳐져 있음을 발견하게 될 것입니다.

뿌리가 뻗어가는 모양을 보십시오. 거름기 많고 습기 많은 쪽을 향하여 뿌리가 스스로 찾아가고 있음을 볼 수 있습니다. 가지마다 눈이 있어 햇빛을 찾아갈 줄 알며 뿌리 끝마다 신경이 있어 먹이를 찾아가고 있습니다.

해바라기 꽃을 보십시오. 아침부터 저녁까지 태양을 향하고 있지 않습니까. 나무의 성질과 생육의 원리를 알려고 노력하고 그에 합당한 협조를 하면 되는 것이지 톱과 가위와 힘으로 나무 모양을 만들려고 해서는 안 됩니다.

사람은 상처를 입으면 피가 납니다. 그 출혈이 심하면 사람은 죽게 됩니다. 그러나 인체의 자동치유장치는 흐르는 피를 굳게 하여 그 출혈을 스스로 멎게 합니다.

나무 가지를 가위로 자르면 니스 같은 수액이 흘러나와 상처부위를 물과 병균이 스며들지 못하도록 감싸줍니다. 그러나 그 상처가 많고 커질수록 지혈이 어렵게 되고 병충해의 침투가 많아집니다. 인체에 상처를 주지 않는 것이 좋지 않듯이 나무에도 불필요한 상처를 주지 않는 것이 원안입니다.

H씨는 꼼꼼은 하지만 나무를 심고 가꾸어본 경력이 짧은 사람입니다. 그는 일 만 주의 회화나무를 심었고 그리고 빨리 잘 키워보고

싶어 했습니다. 그리고 지주를 세워 줄기가 굽지 않도록 나무를 끈으로 붙들어 매었고 봄부터 가을까지 곁가지를 쳐주며 속된 말로 정성껏 들들 볶았습니다.

P씨는 복숭아 과수원을 삼십년을 한 사려 깊은 사람이었습니다. 그도 역시 회화나무 일만 주를 심었는데 그는 단지 거름주기와 제초 작업만 하였을 뿐 나무 가지 하나 건드리지 않았습니다. 3년이 지난 후 나무가 자란 모습을 보니 후자의 것이 월등하였음은 물론입니다. 경박한 사람이 질책과 잔소리로 훈육하고 현명한 사람이 이해와 지혜로 훈육함이 이런 차이가 아니겠습니까.

심한 꾸중과 잔소리가 사람에게 나쁜 상처를 남기듯 나무에 행한 잘못된 톱질과 가위질은 나무에게도 크고 깊은 상처를 남길 수도 있는 일이니 신중을 기해야 합니다.

신앙은 나무를 키우는 것과 같습니다. 목회는 나무를 키우는 것과 흡사합니다. 잘라내기 보다는 감싸야 할 때가 더 많으니까요.

큰 나무, 큰 인물

공동체의 절박한 위기는 한 사람 한 사람의 책임이 배 밑에서 잠자고 있기 때문일 것입니다. 한 사람 요나가 배 밑에서 잠들 때 공동체에 풍랑이 일어납니다. 바람이 노하여 절박한 위기에 직면한 공동체는 요나가 바다에 던져질 때 위기로부터 구출되기 시작합니다.

오늘날 널려있는 수많은 위기상황, 건강보험의 재정위기, 의약분업의 이중성…. 이것 모두 책임이 문제입니다. 아예 깨어 있기를 포기한 사람들에 대한 절규, 분노, 위기, 이 폭풍에 대한 해결은 회개와 기도입니다. 스스로 던짐이며 결단입니다.

큰 인물이 필요합니다. 회화나무 같은 사람 말입니다. 옛부터 회화나무는 학자나무 또는 큰 인물에다 비유했습니다. 체구의 크기로 말하면 회화나무를 능가하는 나무가 얼마든지 있는데 왜 그럴까요?

가장 근원적인 이유가 뿌리에 있는 듯싶습니다. 회화나무는 땅 속 깊이 뿌리를 박는 심근입니다. 심근성 중에도 잔뿌리는 허용하지 않고 뿌리가 굵게 하나로 내려 뻗다가 서 너 개의 다리를 30도 정도 밑으로 힘차게 내리꽂습니다. 딱딱한 지층을 뚫고 내리꽂은 그 뿌리의 힘은 어디서 생기는지 신비할 뿐입니다.

다른 나무들은 잔뿌리를 지표에 많이 펴서 양분을 흡수하기에 급급한데 회화나무엔 그런 잔뿌리가 좀처럼 보이지 않습니다. 역학적 힘의 충격으로부터 쓰러지지 않게 튼튼한 뿌리를 땅 속 깊이 박고 풍우와 지진에 견딜 자세를 취합니다.

회화나무는 가뭄에 견디는 힘이 강합니다. 그런데 가뭄에 강한 것은 다른 것이 아니라 땅 속 깊은 지하수에서 오염되지 않은 깨끗한 수분을 공급받는 까닭입니다. 그래서 지표를 흐르는 오염된 물이 없어도 되니 구태여 얕은 뿌리를 요령껏 펼치며 눈치를 보지 않고도 의연하게 살아갈 수 있는 기상을 당초부터 타고난 것입니다. 거기에다 남이 주는 비료나 거름을 얻어먹지 않고도 오염되지 않은 지하수와 햇빛만 가지고도 의연하게 잘 살 수 있고 떳떳합니다.

그 뜻이 높고 깨끗한 곳에 있어 천하고 속된 것에 연연하지 않는 학자의 기상과 회화 나무의 기상이 함치 되기에 학자나무라고 부른 것이 아닌가 싶습니다.

임금님이 사시던 곳이나 학자들이 공부하던 곳에 회화나무가 심겨졌던 기록과 흔적을 볼 수 있습니다. 옛날 우리 조상들의 간절한 소원을 보는 듯합니다.

임금이나 지도층 인사는 아무쪼록 뜻은 높은 곳에 두고 나쁜 것과 야합하지 않고 당당하고 떳떳한 인물로 자라달라고 간절히 원했던 것입니다. 그래서 눈에 보일 수 있는 곳에 심어서 그 속에서 살아가면서 그런 인물로 자라기를 원해서 였을 것입니다.

요즘은 그저 처세에 능하고 술수에 능해서 수단방법을 가리지 않고 출세가두를 달려 부를 축적하다가 지위를 얻은 사람을 승자라고 하는 경우도 있지만 우리 조상들은 그런 약삭빠른 사람을 경멸했던 것 같습니다. 그래서 색을 자주 바꾸며 교언영색(巧言令色)하는 단풍나무를 학자의 반열에 올리지 않고 보다 근원에 충실한 회화나무를 학자수라고 부를 모양입니다. 타협하지 않는 근성이 있기 때문입니다. 진리 아닌 것에 고집을 부리지 않기 때문입니다.

회화나무는 그 색깔과 냄새를 분명히 합니다. 회화나무의 여러 가지를 보면 진한 녹색입니다. 겨울에도 멀리서 회화나무를 금방 알아볼 수 있는데 녹색의 윤기가 흐르기 때문입니다. 녹색은 이성이며 희망입니다. 회화나무의 어린 가지를 자르면 강한 냄새를 풍깁니다. 그 냄새를 누가 좋아하던 말든 상관하지 않습니다.

오늘 취임하시는 네 분의 장로님들, 평신도 지도자임에 틀림없습니다. 이 종이 드릴 수 있는 가장 가슴 뛰는 선물은 회화나무를 입혀드리는 것입니다. 그 강직함과 인내심, 정직과 성실함, 그 깨끗함(거룩함), 땅 속에 깊이 뿌리를 박은 충성심과 당당함이 당신들의 가운이 되기를 바라며 평신도 지도자를 추구하는 모든 신앙인들의 옷, 믿음의 후예들의 옷이 되었으면 합니다. 이것은 옷 중의 옷입니다.

개나리

요즘, 차를 몰고 도로를 지날 때마다 눈을 자주 빼앗기고 마는 장면은 막 피어오르는 개나리 몽우리 때문입니다. 아랫녘에는 피었다는데 좀 늦지만 터지는 그날을 생각하면 어느새 세월의 간격을 잊고 개나리꽃을 꺾어서 교회 강단으로 달려갔던 개구쟁이의 흥분을 잊을 수가 없습니다. 이 계절이 오면 저는 부자였습니다. 우리 집 울타리는 모두 개나리 나무로 되어 있었기 때문에 얼마든지 꺾어서 베풀 수 있었기 때문입니다. 친구들에게, 영자에게, 교회 강단 꽃꽂이 등으로….

개나리, 얼마나 향수어린 꽃이며 얼마나 동심에 젖어들게 하는 꽃입니까! 개나리를 볼 때마다 어린 때로 돌아가고 맙니다. 아니, 개나리 옆에 서면 난 이미 어른이 아닙니다. 난 그냥 노란 한 마리 병아리가 되어버립니다.

개나리 울타리에서 바라본 저 바깥세상은 참 아름다웠습니다. 이웃은 선량했고 영자는 더욱 예뻤습니다. 꺾어다 울타리 가에 꽂기만 하면 살아서 뿌리가 내리고 꽃이 피면 개나리 그 긴 가지가 바람에 휘청거리며 노란 꽃을 매달고 손짓할 땐 나도 기뻐 손짓하고 모두가 기뻐 웃으며 손짓했습니다.

개나리. 우리 모두를 어린이로 거듭나게 하는 꽃입니다. 이 꽃은 꽃이 귀한 겨울에 모처럼 진달래와 함께 병에다가 아무렇게나 꽂아도 꽃을 피워 우리를 즐겁게 하는 꽃입니다. 으레 선생님 책상에 먼저 꽂게 되는 꽃이기도 했습니다.

30년 조경사, 문학가, 시인, 이관재 선생님이 제게 들려주신 개나리에 얽힌 이야기가 생각납니다. 옛날 어느 마을에 부잣집이 있었다고 합니다. 그 집에는 돈도 많고 양식도 많았으나 부잣집 주인은 여간한 노랭이가 아니었다고 합니다. 그래서 굶어 죽는 사람이 있어도, 병들어 죽는 사람이 있어도 거들떠보지도 않았다고 합니다. 그래서 모든 동네 사람들은 부잣집 주인을 원망하고 저주하고 욕했다고 합니다. 그런데 이상한 일이 생겼습니다. 밤잠을 자고 일어나면 가난하여 죽을 지경이 된 집 문 앞에는 먹을 양식이 놓여졌고 병들어 죽게 된 집 문 앞에는 닭이 한 마리씩 놓여져 있는 것이 아니겠습니까!

굶어 죽게 된 사람들은 식량으로 밥을 지어먹고 일어났고 병들어 죽게 된 사람들은 닭을 고아먹고 기운을 차려 일어났다고 합니다. 이런 일이 몇 년을 반복하여 일어나니 사람들은 이런 좋은 일은 도대체 누가 하는 것이냐고 수군대기 시작했습니다. 배고픈 사람 없고 병든 사람 없이 잘살게 된 마을 사람들은 이 일을 한 사람을 찾아 상을 주자고 했습니다.

이때 부잣집 울안에서 난리가 났습니다. 개가 양식을 훔쳐내고 닭을 잡아먹었다고 개를 잡아 목을 매달아 화형을 시켰습니다. 그리고 그 미운 놈을 잡아 솥에 넣고 푹 삶아 술안주로 삼아 술을 잔뜩 먹고 온통 화풀이를 하고 있었던 것이었습니다. 그제야 동네 사람들은 선행의 주인공이 누구였나를 안 것입니다.

먹고 버린 뼈를 전부 주워 모아 동네 뒷동산 따뜻한 양지쪽에 장사 지내 주고 그 곳에 '개 나으리의 묘'란 비를 세워 주었다고 합니다.

세월이 흘러 그곳에 나무가 한주 나더니 한 가지는 주인집을 향하여 고개를 숙이고 또 다른 가지는 동네를 향하여 고개를 숙여 노란 꽃을 피워 절하였다고 합니다. 그 이후로 사람들은 그 나무 이름을 개 나으리라고 부르다가 차츰 개나리가 되었다고 합니다.

이후론 울타리 가엔 개나리를 꽂았는데 개나리 울타리는 개의 출입이 자유로워서 행운과 복이 들어왔다고 합니다. 개나리를 볼 때마다 소박한 충성과 겸손을 배우게 됩니다.

개고기가 발달된 토평리. 심방 후 개고기를 대접받을 때는 한편으론 심각하지만 저는 의미로 먹습니다. 소박한 충성과 겸손을 먹는다고 생각하면서, 충성과 겸손이 우리 모두의 양식이 되기를 기도하면서 먹을 때도 있습니다.

대로시대, 교육을 생각하며

신도시의 물결에 부딪혀서 다 부수어지고 있습니다. 부수어지지 않으면 그 위에 새 도시를 세울 수 없습니다. 뿌리 채 뽑혀가는 나무들을 봅니다. 근원이 뽑혀지지 않으면 옛것이 자꾸 싹이 나게 되어 있고 자라게 되어 있습니다. 옛것을 뿌리 채 뽑아내지 않으면 새것은 진행될 수 없습니다.

교회 앞 하우스 밭들이 엎어지고 구리시 최고의 도로(50m)가 교회 앞까지 이어집니다. 작은 것들, 넓음에 방해 되는 것들은 제거되고 밀려납니다. 사라집니다. 짧게 만들었던 구조물들, 기존 협소한 길들 모두가 거두어 집니다. 제거되지 않으면, 밀려나지 않으면, 사라지지 않으면, 거두어지지 않으면 넓은 길을 낼 수 없습니다.

우리 안에 생각의 협소한 것들, 마음의 비좁은 것들, 구습과 죄악들이 밀려나야, 제거되어야 시온의 대로가 열릴 수 있습니다.

그러나 아직 대로를 걸을 만큼 크게 준비되지 못했고 대로는 우리를 더 긴장하게 할 지 모른다는 불안한 생각을 하게 됩니다. 현대의 대로는 가정을 떠나게 했고, 책임을 회피하게 했으며, 사람보다 기능, 편리함을 추구하도록 만들었습니다.

우리의 자녀들에게 있어서도 만남과 인간애보다는 대로가 선물한 학원, 과외, 밀린 과제에 마음을 모조리 잃게 할 것입니다. 대로는 경쟁하는 인간충돌의 비인간애를 생산해 낼지도 모릅니다. 무엇보다도 신앙 2세의 사고의 아웃라인이 바뀔 것입니다. 빠르고 편리한 것을 추구하면 서로 목적을 이루기 위해서 순식간에 돌변할 지도 모르는 긴장관계가 주도할지도 모릅니다.

자녀를 얄팍하게 키우지 않겠다는 생각, 약삭빠르게 질러가는 아이로 키우지 않겠다는 생각, 뿌리 굵은 나무로 키우겠다는 생각 등은 저뿐만 아니라 자녀를 둔 부모는 생각해 보았을 교육에 대한 염려였을 것입니다.

요즘, 1학년으로 입학한 막내딸 보미의 뒷모습을 먼발치에서 바라보고 하는 것이 아빠로서 제 취미가 되었고 아픔이 되어 하루 종일 눈앞에 맴도는 보미의 뒷모습을 지울 수가 없습니다.

가방을 메고 학교 정문을 들어갈 때면 갈지(之)자 걸음으로 자기 몸만한 가방을 매고 들어갑니다. 보미를 볼 수 있는 건 머리와 다리입니다. 가방이 뒷몸을 다 가려서 가방 위에 머리가 달린 것 같고, 가방 밑에 다리가 달린 것처럼 보입니다. 몸집만한 가방, 그 가방 안에는 한국 교육의 십자가와 눈물이 들어있습니다. 힘겹게 걸어야 할 교육의 길이 들어있습니다. 몸으로 감당하기에는 너무 큰 교육제도의 짓누름이 들어 있습니다. 이 학원 저 학원으로 가라고 종용하는 엄마들의 잔소리가 들어 있습니다. 너무 무거워 똑바로 걸을 수가 없는 것입니다.

저 어깨에 자유를 줄 수 없을까! 어린이의 걸음으로 걷게 할 수 없을까! 문명의 대로에서 벗어나서 영성 인간으로 풍요롭게 클 수 없을까!

4살배기에게 영어 가르친다 법석을 떨고, 초등학생을 과외와 예체능 학원을 하루 두 곳 이상 돌면 파김치가 됩니다. 사교육비는 교육정책에 의한 희생비용이기도 하고 자녀에 대한 애정비용이기도 합니다. 그러나 부모의 잘못된 욕구비용은 아닌지 함께 생각해야 할 것입니다.

도산 안창호 선생은 만민공동회의 연사로 순회하면서 민족 사랑을 역설하던 때 당시 나이는 17세였습니다. 학력 한 줄 없었어도 측은지심(惻隱之心)과 수오지심(羞惡之心)이 있었고, 예의와 염치를 알았습니다. 그러나 지금 무거운 가방 메고 내 자녀가 서 있는 자리는 어디입니까? 조기교육이다, 사교육비 벅차다, 성적 안 오른다 걱정할게 아니라 먼저 자녀들에게 영성세계가 없고 정신연령 수위가 낮아가고 있음을 더 걱정해야 하지 않을까요?

교육의 송곳니에 물려 영성세계와 행복을 위해 교육이민을 서두르는 사람들이 충분히 이해가 되기도 합니다. 이민을 권장하는 것은 아닙니다. 그러나 우리 교육의 부담감과 줄기를 벗어나야 참 인간으로 성장될 수 있다는 데는 동의합니다.

이 땅을 떠나가기 전 박찬호는 주목받는 선수는 분명히 아니었습니다. 신문에 이름 한 번 나오지 않아 서러웠던 촌뜨기였습니다. 그때 박찬호 몸값은 고작 3천만 원이었습니다. 미국에 건너간 그는 스스로 살아남는 훈련을 합니다. 우리처럼 출신학교와 지역, 선후배줄, 이것은 조금도 좌우되지 않습니다. 실력이 모든 것을 말할 뿐입니다. 승리 지상주의에 사로잡혀 혹사당하기 일쑤인 우리 풍토와 달리, 미국은 즐거운 분위기 속에서 스스로 운동할 수 있도록 해주는 차이가 있다는 것입니다. 박찬호(연봉 1백 20억 원)는 "빨래를 직접 하지 않아도 된다는 것, 얻어맞지 않아도 된다는 게 미국에서 운동하면서 좋았던 일"이라고 털어놓습니다.

오늘도 수많은 사람들이 이 땅을 떠나고 있습니다. 자식의 교육을 위해, 꿈을 좇아서, 혹은 무작정 이 나라가 싫어서 이민을 가는 사람이 급증하고 있습니다. 조사에 따르면 기회만 되면 이민을 가겠다는 사람이 무려 5%를 넘는다고 합니다. 무엇이 그들의 등을 떠밀고 있는지, 생각 있는 이 땅의 사람들은 함께 고민해 볼 필요가 있습니다.

떠난 사람들의 행동과 판단이 반드시 옳다는 것이 아니요, 다 성공하는 것도 아닙니다. 하지만 남다른 재능을 가진 새싹들이 제도적, 문화적 편견 때문에, 억압적인 환경 때문에 꿈을 펴보지도 못하고 스러져 가는 현실은 어떻게든 고쳐져야 할 것입니다.

청소년들이 억눌리고 좌절하고 꿈을 접는 사회에서 우리는 결코 내일의 희망과 행복을 얘기할 수 없습니다. 지금 이 순간에도 '제2의 박찬호'가 될 자질이 있는 수많은 청소년들이 학교와 사회의 편견과 억압 속에 채 나래도 펴보지 못하고 사라지고 있는 것은 아닌지 안타까울 뿐입니다.

한국 사람처럼 교육에 열성이면서도 교육에 문제가 많은 민족도 드뭅니다. 이 문제를 가장 지혜롭게 풀어간 유대인들의 비밀은 자녀를 뿌리 깊은 나무로 키운다는 것입니다.

세계역사 개혁에 가장 많은 영향을 끼친 4인의 인물, 과학 분야의 아인슈타인, 심리학의 프로이트, 사상가 칼 마르크스, 진화론자 찰스 다윈을 꼽습니다. 이 중 세 사람이 유대인입니다. 세계 노벨상 수상자들 중 약 30%가 유대인입니다. 그들의 뿌리 깊은 지혜교육의 원칙은 무엇인가!

자신의 나라를 잃고 2000년 동안 전 세계를 유랑하면서도, 세계인이 유대인을 오물처럼 여기고 토끼 몰이하듯 박해를 했는데도 이방문화에 동화되어 멸종되지 않고 되살아난 유대인! 이방민족의 외면적인 힘에는 패배하였지만 그들의 내면적인 신본주의 사상을 고고히 지키며 되살아난 유대인의 생존 비밀은 무엇일까?

아마도 유대인의 생존비밀 중 가장 중요한 비밀은 부모가 곧 교사라는 점일 것입니다. 그리고 모범을 보이고 자녀에게 토라(율법)과 (탈무드)에 대한 존경심을 가르쳤습니다. 이것이 30% 유대인 노벨상 수상자를 배출하게 했을 것이라고 분석합니다. 자녀를 뿌리 깊게 키우는 원리입니다.

유대인의 교육내용은 〈토라〉와 〈탈무드〉이지만, 아버지가 가르치는 교육은 자녀의 IQ와 지혜를 개발시키고, 어머니가 가르치는 교육은 EQ를 풍성하게 해줍니다.

교육은 학교 건물 안에 감추어진 것이 아니고 가정에서 공급되는 "하나님을 경외하는 것이 지식의 근본"임을 아는 뿌리 교육입니다.

진달래, 그것은 나의 부활

구리시를 울타리처럼 둘러싸고 있는 낮은 산들에 피어난 꽃들, 아차산 높은 곳에 핀 목련, 도로에서도 볼 수 있는 하얀 웃음이 문득 그리워 일부러 핸들을 그쪽으로 틀어 본 적도 있습니다. 이 하얀 웃음은 능가하는 벚꽃 처녀들이 활짝 피어 아차산 밑 워커힐 산책도로에서 사람을 기다리고 있다는데 그곳에는 마음을 옮기지 못했습니다. 마음을 빼앗기고 싶지 않아서입니다. 고난주간 "주님보다 더 마음 빼앗기는 것이 있으면 안 되지"하는 생각 때문입니다. 주님에게만 마음 빼앗기고 싶어서입니다.

그곳은 아름답지만 세속으로 가득 찬 곳입니다. 이번에 문을 연 쉐라톤 워커힐 호텔의 '애그톤 하우스'라는 이름의 저택은 하룻밤 숙박료가 세금과 봉사료를 포함해서 1,210만원이라고 하는 국내 최대 가격이라고 합니다. 실내는 영국산 호두나무로 만든 2,000만 원 짜리 침대, 22K 금으로 마감한 1,200만 원 짜리 샹들리에, 1,000만 원짜리 이탈리아산 대리석 욕조 등 최고급 인테리어 용품으로 장식해 놓았다고 합니다. 또 2층 프레지덴션 스위트의 모든 창문은 M16 소총으로 쏘아도 깨지지 않는 방탄유리고 지붕에는 인공위성으로도 촬영이 불가능한 특수 장비를 장착했다는 것입니다.

초호화판은 십자가와 자리가 멀고, 그곳에 있는 주변에서 주님의 십자가를 명상한다는 것은 세속의 한복판을 명상하는 것과 마찬가지라고 잠시 생각을 했습니다. 그렇다고 해서 벚꽃을 보지 않는다는 것은 아닙니다. 왠지 고난주간에, 특히 부활주일을 기다리면서 그곳에 서 있고 싶지 않다는 말입니다. 주님의 목소리가 들려오기 때문입니다. "여우도 굴이 있고, 참새도 새끼 둘 보금자리가 있거늘 인자는 머리 둘 곳도 없다"하신 말씀입니다.

그래서 낮은 산에 있는 꽃, 낮은 꽃, 쉽게 볼 수 있는 꽃, 이 기운 저 산새에 얽혀서 머리 둘 곳도 없는 꽃, 진달래에 마음을 주기로 했습니다. 구리시 울타리 밖을 보니 소나무 밭 밑에는 더 많은 진달래가 붉게 피어 있습니다. 그곳에 진달래가 있었는지 잊고 있다가 꽃이 피어야 맞아! 그곳에 진달래가 있었구나 하고 그 존재를 인식하게 됩니다.

이젠 만물이 활기를 찾고 번식을 시작할 때입니다. 부활의 때입니다. 꿈이 있어야 되고 설렘이 파도칠 때입니다. 지루하기만 한 푸른 소나무 사이에 울긋불긋 채색을 해야 하고 만물은 좀 더 활기 있게 욕망을 가지고 들뜨게 해야 할 때입니다.

생육하고 번성하라. 하나님 명령입니다. 진달래, 우리는 일 년 내내 그 나무를 잊고 있다고 꽃피는 봄에야 한번 그 나무를 기억합니다. 흑갈색 연약한 보잘 것 없는 그 가지에 그토록 화려하고 아름다운 꿈이 피게 될 줄이야.

큰 나무 밑에서 가시 덩굴에 치어 바위틈 사이에 끼어서 보이지 않다가 봄이 되면 일제히 꽃망울을 터Em려 붉게 한을 토하는 진달래, 실로 우리 민족의 꽃이라 해도 좋으리라. 부활의 꽃이라 해도 좋습니다. 우리도 무덤을 열고 일제히 부활하여 영생을, 생명을, 토해낼 것이기 때문입니다.

버들강아지 꺾어 피리를 불면서 빨래터에 가면 동네에 어른들 어린이들이 진달래 따먹으며 산에 갔다가 다치기라도 할까봐 산에 못 오르게 하려고 무서운 이야기를 해줍니다.

"저 뒷산에 가면 진달래나무 사이에서 어떤 여자가 나타나 "애야 이리 온. 진달래 꽃 따줄게 이리 온"하면서 부른단다. 어린아이가 따라가면 산속으로 데리고 가서 간질러 죽이고 간을 빼먹는단다. 그는 문둥병자인데 그렇게 하면 문둥병이 없어진단다."

진달래꽃에 반해서 산을 헤매다 다치거나 실종 될까봐 하는 걱정에서 나온 이야기이지만, 진달래는 우리 어린이를 유혹하기에 충분했습니다. 그땐 그런 이야기를 들어서인지 진달래꽃이 유혹하는 산엘 가면 혹시나 해서 두렵기도 하였습니다.

진달래를 보면 부활절이 생각나기도 합니다. 어린 시절, 부활절이 되면 누런 봉투에 팥고물 묻힌 시루떡 두 덩이씩 주일학교 선생님들이 나눠 주셨는데 선생님들의 손이 그렇게도 고왔습니다. 군것질이 거의 없으니, 큰 맘 먹어야 오 리나 떨어진 구멍가게나 갈 수 있었으니 부활 떡은 더욱 고마운 구세주였습니다.

그 떡을 손으로 뜯어 먹으면서 교회 옆으로 넓게 펼쳐진 산으로 올라가 진달래를 따기 시작합니다. 그리고 떡 한 입, 진달래 한 잎 먹다보면 꼭 별식을 먹는 것처럼 행복으로 배불러 깔깔대고 웃던 기억이 어제 일처럼 다가옵니다. 최고의 자연식을 하였던 셈입니다.

나의 부활은 이렇게 순수했었습니다. 때 묻지 않았었습니다. 있는 그대로 감사했고 기뻐했기 때문입니다. 내 속에 있는 진달래가 부활하면 세속화된 마음에 주님의 물결이 퍼질 것 같습니다. 모든 것을 소생시키고 부활시키는 주님의 물결 말입니다.

아버지의 자리

부활절이나 성탄절이 목사인 저에게 정말 흰색이었으면 하는 마음으로 살아온 지 오래입니다. 교인들을 의미 있고 감동 있게 하려고 여러 가지 생각에 마음 붙들리다 보면 목회자의 마인드(mind)를 잃어버리고 퍼 올려야 할 목회의 웅덩이 안에는 두레박도 없고, 샘물도 없는 상태가 되어 있음에 가슴 아파할 때가 많습니다.

부활절의 색깔, 흰 가운을 입고도 아직 흰색을 제대로 입지 못했다는 생각 때문에 하나님 앞에 죄송스럽고 교인들 앞에도 죄송스러울 뿐입니다.

부활주일 예배 후 잠시 흰색의 깊이에 마음 빼앗겨 보았습니다. 세상의 색깔 가운데, 세속화의 물결 가운데, 표류하는 교회의 밤거리에 핀 흰 꽃, 역사적 의미와 상관없이 그냥 그렇게 생각하고 벚꽃을 입고 비비고 마시고 눈에 송두리째 집어넣었습니다. 아무 짐 없이 잠시만이라도 한 인간으로만 하얗게 서있고 싶었습니다.

여성이 일생에 행복한 순간이 있다면 결혼식일 텐데, 웨딩드레스가 하얗기 때문에 더 아름답고 행복한 것이 아닌가 하는 생각을 해봅니다. 순결의 아름다움이요, 정절의 아름다움이라고 생각하는 전통입니다. 본질로 돌아가면 인간의 꾸밈없는 행복을 느낄 수 있는 법입니다.

그래서 요컨대 본질로 돌아가서 아버지 가슴을 가지고 목사노릇, 아버지 노릇 제대로 해보고 싶은 것, 이것이 영적인 자녀를 키우는 한 목사의 마음입니다.

아이를 키우면서 가끔 느낍니다. 이놈들 둘이 다르다는 것입니다. 첫째는 매우 모범적인데 반해 둘째 아이는 모험적입니다. 큰 아이에겐 규칙과 원칙이 중요한데 둘째에게는 그런 것들이 별로 문제되지 않습니다. 약간은 제멋대로란 느낌을 받습니다. 둘째는 한 주일에 한 번이라는 규칙을 떠나서 아무 때나 아빠에게 손 벌립니다. 목양실까지 올라와서 데모하는데 주저하지 않습니다. 출생순서가 성격에 영향을 미친다는 「태생적 반항」 이라는 책도 있습니다. 첫째보다 약세로 출발하기 때문에 체제에 이의를 품게 되고 자연히 혁명적 성격을 띠게 됩니다.

행복하게 살던 한 가정에 하나의 근심이지만 가정전체를 어둡게 하는 근심이 생겨났습니다. 둘째가 자기 재산의 몫을 챙겨 아버지 집을 떠나 먼 나라로 가버립니다. 계획이 있었겠지요. 그러나 모든 것이 뜻대로 이루어지지 않고 끝내 가지고 나온 재산을 무가치하게 다 써버립니다. 쉽게 말하면 망했습니다. 길거리에 '우리 폭삭 망했어요'라고 붙여놓고 운동화를 5,000원에 파는 사람보다 더 망했습니다. 진짜 망했습니다. 일어날 희망을 전혀 보이지 않습니다. '먼 나라'로 떠났기 때문에 쉽게 돌아갈 수 없을 뿐만 아니라 돌아가는 길에 죽을지도 모릅니다. 위험도 있을지 모릅니다. 그런데도 돌아갑니다. 죽음을 각오한 걸음임에 틀림이 없습니다. 단순히 굶주림을 해결하기 위한 걸음이었을까요. 먹을 것이 문제였다면 가까운 곳에서 쉬운 길을 찾아 나서야 했을 것입니다.

그가 찾은 것은 먹을 양식이 아니라 '아버지'였습니다. 이 탕자의 비유에 아들이 돌아가기로 결심하는 장면에는 '아버지'가 다섯 번 나옵니다. 그러니까 그가 돌아간 곳은 집이 아니라 아버지였습니다. 아버지 품에 안겼습니다.

아버지는 자녀들이 사모해야 할 쉼터요 아버지는 자녀들에게 쉴만한 물가와 같은 것이고 푸른 초장이기도 합니다.

양떼들이 언제라도 달려와도 쉼터가 되는 마음, 그립고 또 그리워서 사모하여 달려오는 양을 상거가 먼데도 알아보고 쉴만한 마음의 푸른 초장을 가지고 달려가 포옹하는 아버지 같은 목사로서 서있고 싶습니다. 계산 없는 마음, 아직 그려지지 않은 하얀 마음으로 서있고 싶습니다. 가정에서 아빠의 자리에 앉아 있는 당신은 어떤 마음의 자리를 펴놓고 있습니까?

탕자의 비유는 '아버지의 마음'이 주인공입니다. 아버지의 마음이 얼어있으면 돌아와도 소용없는 일입니다. 용서를 해주시고 묻지도 않으시고 상상하지 못할 큰 잔치를 베푸시는 아버지 앞에 둘째는 "아버지나 아들이라 감당치 못하겠다"고 하는데서 아버지와 아들의 마음에서 생명의 진정한 회복이 일어나고 있는 장면입니다.

한없이 받아주고, 지치고 상한 영혼을 끌어안아주고, 마음 안에

잔치를 심어놓고 가는 봄의 흰 꽃처럼 아직 그려지지 않은 백지와 같은 하얀 마음이고 싶습니다.

넓은 가슴을 가진 아버지의 마음을 노래한 6학년 어린이의 시가 있습니다. "아버지는 가슴 속에 큰 바다를 품고 계신다. 종알종알 흐르는 내 투정의 물결을 바다처럼 말없이 받아 주신다. 바람도 불고 파도도 일 텐데 아버지의 바다는 항상 고요하기만 하다. 조용한 바다가 화를 내면 더 사납다고 하는데 변함없이 아버지의 가슴 속은 나에게는 바람 한 점 없는 조용한 바다다."

주님의 바다 같은 마음이 교우들의 관계 속에 흐르는 물결로 있었으면.... 이 종의 정서와 목회적 심장에 항상 하얀 마음의 물결, 참 아버지의 가슴을 토해내는 잔칫상이 늘 준비되어 있기를 기도해 봅니다.

생명잔치를 위하여

어머니의 관문을 뚫고 세상으로 울음 터뜨리는 어린 아기는 어머니의 출산 몸부림보다 10배 이상이나 힘들다고 합니다. 그러나 한 생명으로 이 땅에 온다는 것은 창조의 몸부림이요, 하나님 자신의 고통일 것입니다. 봄의 생명 태동을 보면서 생명을 끌어내시는 하나님의 수고도 동시에 볼 수 있어야 한다고 생각합니다.

수많은 가로수, 정원수, 공원수에 피어나는 이런 싹들을 보아도 마음이 저미어 옵니다. 너무 여리고 수줍게만 보이는 잎새들의 애씀과 고뇌가 한눈에 들어옵니다. 아직 때 묻지 않았으니 아플 것이고, 세속에 태어났으니 아플 것이고, 적합하지 않는 환경의 문을 열고 나와야 하기에 더욱 아플 것입니다. 그러나 생명은 감동입니다. 잔치입니다. 하나님의 생명의 손길과 생명력이 증명되기 때문입니다.

어느 봄날, 겨울을 피하지 않고 제일먼저 겨울에 직면했던 마가목은 꽃 몽우리를 가지고 찾아왔습니다. 현관문을 열면 제일 먼저 눈에 띄는 마가목, 세속의 한가운데 반드시 피어나야 할 성직의 꽃이라고 생각하여 더 자주, 더 가깝게 바라보았었습니다.

겨울을 묵묵히 수용하고, 그 차가운 바람에 직면했던 모든 나무들,

단풍, 쥐똥나무, 소나무, 회화나무, 은행나무, 목련, 느티나무, 산철쭉, 잔디꽃, 복자기, 마로니에.... 모두가 꽃을 피거나 생명으로 개벽하는 잔치를 벌이고 있습니다. 그야말로 부족한 음식이 없는 잔치이며 축제입니다. 화려함과 소박함, 그리고 영광으로 가득 찬 생명의 잔치이며, 이 잔치에 음식을 준비 하시는 하나님의 손끝이 하루도 쉬지 않고 섬세하게 움직이시는 것과 같은 놀라운 흥분과 고마움이 담겨 있습니다.

삶의 어두움, 흉년, 삶의 겨울에 당당하게 직면(直面)하는 믿음이 있는 사람에게 하나님은 봄처럼 놀라운 생명잔치를 계획하리라 믿습니다.

경제적 흉년, 지난날의 윤기 있고 화사했던 그 아름다운 생명력을 상실한 인간관계의 흉년, 한 지붕 아래 존재하지만 메마르고 삭막한 부부관계의 상실, 가정의 뿌듯한 기쁨과 행복이 넘실거리는 신선함을 빼앗긴 것과 같은 허탈감... 이 모두가 흉년입니다.

갑자기 찾아온 건강의 적신호, 그보다 더 무서운 영적인 흉년, 그래서 말씀이 모자라고, 기도가 메마르고 마음속에 찬송의 샘이 메말라 버리는 그런 상태에서 버티고 있는 자신을 발견하게 됩니다. 이런 인생의 겨울(흉년)을 어떻게 반응해야 할까? 지혜를 짜내야 할 때이며 흉년의 깊이를 이해해야 할 때입니다.

용기 있게 흉년에 직면하는 사람들이 있고, 흉년이란 상황을 부인하는 사람들이 있고, 흉년이란 상황으로부터 도피하는 사람들이 있습니다.

‘나의 하나님은 내 삶의 주인이 되시고 왕이 되신다’는 뜻을 가졌던 엘리멜렉, 그리고 ‘기쁨’이란 뜻을 가졌던 그 부인 나오미, 미루어 보아 하나님은 나의 왕이시요 기쁨이라는 신앙고백을 가졌던 가정이 었음을 짐작할 수 있습니다. 이들이 살고 있던 베들레헴에 흉년이 찾아오니 모압 땅으로 이사를 감행합니다. 이사가 아니라 도피일 것입니다. 베들레헴은 ‘떡집’이란 뜻을 가지고 있는 것을 볼 때 풍요로 웠던 고향, 풍요로운 삶의 자리였음에는 틀림이 없었습니다. 그런데 이 풍요로운 자리에 어느 날 먹구름과 어두움이 찾아왔습니다.

그래서 이 땅을 도피하여 이들이 간 땅은 모압 땅, 이스라엘 백성들 의 원수의 땅이었습니다. 그 옛날 이스라엘 가나안 행진을 방해하던 족속, 우상족속, 하나님을 철저히 대적하고 거절하는 족속... 경제적 인 이유 때문에 하나님의 사람답지 않은 선택을 했습니다. 이들에게 찾아온 더 큰 상처와 아픔, 하나님만이 치료할 수밖에 없는 인생의 겨울이 찾아왔습니다. 경제적 이유 때문에 예배를 떠나거나 사명을 떠날 때, 이것 자체가 우상임에 틀림없기에 하나님은 분노하실 수 있습니다.

흉년은 하나님의 징계일 수도 있고, 시험일 수도 있고, 교육일 수도 있습니다. 참된 신앙은 도피하지 않을 뿐만 아니라 그 문제에 직면하 고, 그 속에서 나를 포기하실 수 없는 하나님의 사랑과 신호를 발견합 니다.

주님의 목소리 다시 한 번 들어보고 싶습니다. “세상에서 너희가 환란을 당하나 담대하라 내가 세상을 이기었노라”(요 16:33) 환란 없는 평안을 약속한 적이 결코 없습니다. 이때 내 신앙의 저력을 확인해 보는 순간입니다.

떠나면 안 됩니다. 당당하게 직면해야 합니다. 교회 주변에 나무들이 겨울을 당당하게 직면하여 하나님이 여시는 생명의 잔치로 다시 태어나는 것처럼 그 경험을 우리가 해야 할 것입니다.

아버지를 버리고 먼 나라로 갔던 탕아가 모두 허비하고 크게 흉년이 들어 더 살길이 막연해지니 생각하기 시작합니다. "아! 아버지를 떠난 삶이 이토록 비참하구나!"

장소만 옮기면 해결 될 거야. 남편만 떠나면 될 거야, 이혼만 하면 해결될 거야, 돈만 벌면 될 거야... 이 모두는 하나님을 떠나는 함정일 수 있습니다. 우리의 진정한 회복은 과감하게 직면하여, 도피하려는 나약한 본성을 그리스도의 이름으로 용서하지 않는 것입니다. 생명의 잔치는 생명을 부활시키시는 십자가의 고난에 참여할 때만 가능합니다.

가정의 힘

요즘 들어, 가정의 소중함을 느끼는 것은 아주 사소한 일을 끌어안지 못해 이혼하는 가정이 세 쌍 중에 한 쌍으로 올라가고 있다는 사실입니다. 사명보다는 감각에 의존하여, 감각에 충실하여 시작되었던 가정은 쉬운 감정의 변화와 함께 가정을 놓고 또 다른 감각을 찾아나서는 이른바, '사마리아 여인' 같은 현상이 일어나고 있습니다.

조금만 거슬러 올라가서 생각해보면 우리문화는 참으로 따뜻한 가정 문화였습니다. 하루 종일 수고하고 저녁이면 온 식구가 한 상에 둘러서 먹고 마셨습니다. 찬송가 가사 대로 "다 같이 일하는 온 식구가 한상에 둘러서 먹고 마셔 여기가 우리의 낙원이라" 정말 그랬습니다. 하루에 땀과 눈물, 고뇌가 한상에 둘러앉은 식구들 얼굴 보며 다 사라지고, 밀려오는 신뢰심과 애정 때문에 몹시 흥분되는 그런 밥상이었습니다.

청국장 하나 끓여놓고 온 식구가 뚝배기에 입에서 쭉쭉 빤 침 묻은 수저를 뚝배기 안에 서로 담가도 구수한 냄새에 취했고 건더기 건져 먹으려고 수저 싸움을 해도 싸움이 일어나지 않는 그 행복을 먹었던 것 같습니다.

청국장 냄새 온 몸에 배어서 나오면 '행복한 식사 했다'는 표시가 되기 때문에 오히려 냄새 안 나는 것보다는 냄새나는 것이 더 좋았던 기억이 새롭습니다. 왜냐하면 청국장 향기는 배부른 향기요, 행복의 향기였기 때문입니다.

부모는 자녀에게, 자녀는 부모에게, 남편은 아내에게, 아내는 남편에게 서로를 행복하게 해주고픈 사명과 격려로 하루를 수고하여 내일의 수고를 계획하는 그런 삶이었던 것 같습니다.

누구든지 하루를 수고한 사람은 어떤 기대감이나 흥분을 가지고 가정에 돌아갑니다. 어떤 이벤트(event)를 기대하고 가정의 문을 엽니다. 5월 8일(어버이날) 밤 9시경 목양의 시간을 접고 집으로 귀가 하려는데 핸드폰 전화벨이 울렸습니다. 큰 딸 선미의 목소리였습니다. "아빠, 이벤트를 준비해 났어요. 빨리 들어오세요." 정신없이 차를 몰아 아파트 주차장에 도착했는데 또 전화벨이 울렸습니다. 이번에는 막내딸 보미의 목소리, "아빠, 벨 누르지 말고 그냥 들어오세요. 문을 열면 집 안이 어두우니 조심해서 상 앞에 앉으세요."

아내와 문을 여니 성탄 트리처럼 깜빡 불을 장식해놓고 상 위에는 "아빠, 열어보세요, 엄마 열어 보세요"라는 글과 그 밑에 선물을 숨겨 놓은 것 같았습니다. 이어서 불이 켜지더니 커튼 뒤에 숨어있던 보미가 나오더니 "안녕하세요. 저는 앵커 한보미예요. 지금부터 어버이날 행사를 시작하겠습니다. 일동 일어나주세요." 아내와 함께 얼떨결에 일어났습니다. "애국가 제창이 있겠습니다." 지휘하는 여덟 살 보미의 손끝을 따라 애국가를 부르지 않을 수 없었습니다. "동해물과 백두산이 마르고 닳도록.....대한 사람 대한으로 길이 보존하세.”

식순에 의해 선물을 여니 아내는 ‘향수’ 저에게는 ‘손수건’이 주어 졌습니다. 그리고 식순에 의해 두 자매의 ‘어버이 은혜’ 노래를 들을 때 이것이 가족의 힘, 저력, 가족의 사명이라는 생각 때문에 참으로 행복한 순간이었음을 잊을 수 없습니다.

아내는 향수 같은 엄마, 향수 같은 사모가 되라는 것이요, 아빠는 양들의 아픔과 눈물을 닦아주는 손수건 같은 목자가 되라는 의미가 들어 있는 것 같고, 작게는 ‘우리 위해 수고하는 아빠! 흐르는 땀, 눈물 닦으세요’하는 고마움의 표시일 것도 같다는 생각을 했습니다. 아이들을 부둥켜안고 뽀뽀 세례를 주었던 그날 밤은 잠 못 이루는 밤이었습니다.

가정 공동체 안에서, 어떤 모습으로든 ‘격려’는 가장 놀라운 보약이 라고 생각됩니다. 격려는 소망을 잃지 않게 합니다. 인생을 살맛나게 하는 기술입니다.

관심을 가지고 서로 돌아보아야 합니다. “서로 돌아보아 사랑과 선행을 격려하며”(히 10:23~) ‘돌아보아’는 말은 ‘깊이 생각하라’는 말입니다. 따라서 깊은 관심을 가지고 돌아보라는 말입니다. 격려란 상대방에 대한 깊은 생각에서 우러나오는 섬김입니다. 그 사람의 고 통이 내 고통이 되고 그 사람의 아픔이 내 아픔이 되었을 때, 비로소 우리는 서로 위로할 수 있고 격려할 수 있습니다.

이러면 안 됩니다. 딸아이가 집에 돌아오니 설거지가 안 되어 있습 니다. 엄마를 도와야지 하고 깨끗하게 설거지를 해놓았습니다. 피곤

함에 깜박 잠이든 엄마가 일어나서 "이거 누가 씻었니?" 딸은 칭찬이 돌아올 줄 알고 "제가요" 그러자 엄마 입에서 튀어나온 말 "아이고 네가 공부를 이런 식으로 하면 얼마나 좋겠니? 안 시키는 일을 잘만 하다니, 오늘은 해가 서쪽에서 뜨겠다." 이것은 격려가 아니라 비극입니다.

"당신이 이런 식으로 일만 한다면 얼마나 좋겠냐"는 둥, "당신은 매사에 왜 그 모양이야" 라는 둥 할 때 영혼을 사정없이 파괴 됩니다. 한번 비극을 만회하려면 아홉 번 칭찬해도 모자랍니다.

밥상 공동체 안에서 격려는 살맛나게 하고, 사람을 신나게 하고, 의욕을 불어넣어 줍니다. 그래서 격려는 가정을 살리는 생명의 단비입니다.

이런 열매로....

멈추지 않고
교회로 물들고
무릎으로 물들고
사랑으로 물든
마음을 간직해 온 님

우리 모두의 가슴에
얼음판 같은 추위가 와서
몹시 얼어붙게 되었을 때
추위를 이길만한
양지처럼 서 있던 님

아무도
다가가지 않는 사람에게
주님의 미소로 다가가
활짝 마음 연

따뜻한 솜처럼 말하던 님

지치고 상하여
마음 물러가 있을 때,
온 몸의 힘을 다 잃어
넋을 다 빼앗길 때
두 손 잡아 힘을 얻게 했던 님

목회의 울타리 안에
고독 하나만을 가지고
깊이 머물러 있을 때
함께 가기로 한 얼굴빛으로
외로움을 덜어 가던 님

허물, 실수, 상처 담는
큰 보자기 같은 마음을
들고 다니면서, 메고 다니면서
듣고도 안들은 척 말이 없고
보고도 못 본 척 눈감아 주던 님

밤도 고개 떨구어 잠이 든 시간,
건물도 진한 흑백처럼

형체만 보일 때
나타나면 빛이 되고
등 뒤에 있을 땐 기도했던 님

님은 누구인가!

쥐똥나무처럼 늘
소박한 열매를 봄 늦게까지 늘어뜨린 채
그 열매로
새벽부터 밤늦게까지
새들을 날아오게 했던 님은 누구인가!

님은
한 알의 밀이 땅에 떨어져 죽어 맺어진
인격의 열매
생명의 열매
헌신의 열매입니다.

그 열매는
우리 곁에
영원히 있을 것입니다.

아버지

아주 오랜만에 하늘이 땅을 용납했습니다. 비가 눈물처럼, 웃음처럼 내리고 있습니다. 한 방울이라도 아까워서 우산을 쓰지 않고 머리로, 이마로 받아도 즐거운 비입니다. 오염, 공해 따위는 상관하지 않으렵니다. 모든 생명체에 생명의 문을 열어주는 빗줄기니까요.

목양실 창문만 열면 모든 풀잎들과 나뭇잎들의 비 맞는 소리를 듣습니다. 우두둑 다다닥 하는 소리에 가슴 철렁 내려앉았던 그 소리가 다시 들려오는듯합니다 그 소리는 모내기를 막 끝내놓고 들판의 평온함으로 쉬고 있는데 갑자기 하늘 문이 열리고 쏜살같이 달려온 빗줄기 때문에 나는 소리입니다. 그 소리는 억수같이 내리치는 빗줄기를 맞으며 삽자루 움켜쥐고 물고를 터주는 가냘픈 아버지의 등에 쏟아지는 소리입니다. 그 소리를 온 몸으로 거뜬히 다 받아내는 소리입니다.

우두둑, 다다닥– 이 소리를 지금 생각하면 가슴 아픈 소리이며 고마운 소리이며 가장 위대한 소리입니다. 그 어떤 관현악단의 오케스트라도 이 소리처럼 오래도록 제 마음 속에 자리 잡지는 못할 것입니다.

차를 좀 몰고 가니 밤을 가득 메운 개구리 소리가 지금 어려운 시기에 살아보려고 안간힘을 쓰는 사람들의 아우성으로 들려옵니다. 이 시간에 감사한 마음으로 밀려오는 밤의 신비로운 여운이 저를 사로잡습니다. 왜냐하면 이 모든 소리들을 이해할 수 있는 토양에서 제 인생에 뿌리를 두고 성숙했다는 것이 저에게 큰 은혜이며 혜택이기 때문입니다. 그리고 이 소리들과 더불어 젊음을 서서히 녹여버리셨던 아버지의 삶이 저의 목회에 큰 거울이 되었기 때문입니다.

연약한 몸으로 한여름 아스팔트처럼 앓고 있으시면 서도 힘겨우시지만 이 세상에 소풍 온 기분으로 논두렁에서 검정 고무신 베개 삼아 주무시던 아버지의 맑은 얼굴을 본 기억이 가끔 떠오릅니다.

이 세상에 이기주의와 속물근성이 번식하게 될 때 황소개구리가 나타나서 뱀이건 개구리건 닥치는 대로 잡아먹어 그 자연의 소리와 생명의 소리를 많이 빼앗아 갔습니다. 혼자만 배부르면 그만이라는 세상에서, 마치 황소개구리 같은 세상에서 생명의 소리와 함께 살으셨던 아버지의 소리를 듣고 싶습니다. 수년전 아버지의 회갑을 준비하면서, 이 아들 하나 때문에 쓰러질래야 쓰러질 수 없었던 아버지의 인생을 이 아들의 형편없는 시 한편에 집어넣어 보았습니다.

아버지

당신은
아프고 저리게 내게 오십니다.

이 땅에,

한 포기 풀로 나를 있게 하시고

모진 바람을 한 몸에 한 몸에 받으시고

이 한 포기에,

모든 소중한 것을 다 담으셨습니다.

당신은

언 가슴 풀리게 하는 봄의 햇살로

천천히 내게 오십니다.

그 따듯함으로

나를 벗기시고 녹이시고 무너뜨리셨습니다.

당신은 조용한 혁명이셨습니다.

살아온 역경과 목회의 언덕을

내 손으로 갈아엎게 하시고

잘못디딘 발자국도 내손으로 지우게 하시고

그 조용한 햇살로

겨울처럼 닫혀 있었던 눈을 열어

굵은 눈물 한없이 쏟아지게 하셨습니다.

당신은

밤의 저편에 아침을 기다리는 파수꾼처럼

아침 하늘로 내게 오십니다.

모진 질병 견디느라 갈라터진 가슴속에
이아들 담아 두시고
긴 밤 지새운 아침이슬 빛 같은
영혼의 가장 큰 전율과 감동으로 내게 오십니다.

당신은
겨울의 손목 잡은 마른풀 만져도
뭔가 막터져 나올 것만 같은
생명의 태동으로 날마다 내게 오실 것입니다.
당신은 날마다 부활할 것입니다.
오늘, 여호와가 베푸시는 푸른 초장, 쉴만한 물가에서
당신은 내게 더 가까이 오셨습니다.
그분에게 있는 푸른 초장이
당신에게 영원히 펼쳐질 것입니다.
당신이 계시는 푸른 초장에
이아들도 영원히 함께 있을 것입니다.

죽음보다 강한 것〈1〉

빗소리를 듣고 싶습니다. 앞 다투어 사람들의 마음이 황폐해지고 갈라지기 때문입니다. 생명의 근원이 마음에서 난다고 성경은 말씀하고 있는데 지금 생명의 근원이 가물어 생명을 질식시키는 사건들이 쉬지 않고 벌어지고 있습니다. 생명의 존귀함을 헌신짝처럼 생각하는 인간성 상실의 밭에 사정없이 빗줄기가 쏟아졌으면 합니다. 하나님을 두려워하지 않는 교만한 마음이 인간을 황폐하게 만듭니다.

빗소리를 들으면 왠지 겸허해 집니다. 인간의 교만과 독주, 그리고 어두운 계획을 차단시킨 노아시대의 대홍수가 기억나기 때문입니다.

홍수 이후에 인간은 자신이 얼마나 미약한 존재인가를 확인할 수 있었습니다. 이 사건을 기억하면서 인간은 겸손한 자세로 일을 시작하였습니다. 그 이후, 인간에게 안정과 번영이 찾아올 때 인간은 미약한 존재가 아니며 힘과 지혜를 모으면 무엇이든지 해낼 수 있다는 생각을 하게 되었습니다. 그래서 인간의 잠재력과 힘을 과시하는 방편으로 성과 대(바벨탑)를 쌓기 시작했습니다. 인간의 기술이 쌓아지는 이 자리에는 자신들의 삶을 지켜보시는 하나님을 제외시켜 버렸습니다. 그 어느 날 하나님의 분노로 바벨탑이 철저히 무너져 내린 것은 모든 일을 하나님 없이 추진했다는데 있었습니다. 하나님을 염두해 두지 않고 세운 모든 계획은 어리석은 것이며 그 결말은 허무합니다.

이 땅의 역사 한가운데서 이루어졌던 인간들의 하나님으로부터의 수많은 독립선언은 한 결 같이 절망적인 결과를 맞아야 했습니다.

성경이 선언하는 바벨탑 사건은 과학의 기류를 타고 마냥 치솟고 있는 현대인들의 이성적이고 합리적인 비행을 향하여 던져진 하나님의 경고입니다. 하나님 앞에서 우리의 지혜를 무기로 삼을 때 그것은 실로 가소로운 일이라는 것입니다.

1912년 4월. 당시 인간 문명의 산실인 거대한 배 타이타닉은 인간의 기술 숭배를 가득 채운 채 북대서양을 지나고 있었습니다. 타이타닉호는 수많은 사람들의 꿈과 환상 그리고 부호들의 거만함과 3류 인생의 도박을 끌어안고 북대서양 3,773미터 아래로 두 동강이 난 채 가라앉았습니다. 그때 살아남았던 한 여성이 후손에게 전해준 그 사건의 오리지널 생생한 사진과 편지들이 후손에게 전달되어 1985년 이 사실이 완전히 밝혀졌습니다.

역사상 가장 큰 해상 사고였던 타이타닉이 주고 있는 영적 교훈을 깨닫고 있는 사람은 극히 드뭅니다. 많은 사람의 관심과 부러움 속에서 화려한 이 배에 탔던 사람은 1,500여명의 승객과 700여명의 승무원이었습니다.

타이타닉은 북아틀란틱 빙하지대로 질주하다가 수면 아래 숨어있던 빙산이 배에 구멍을 냈습니다. 물이 배에 들어와 거대한 물의 힘이 배를 끌어당기는 그 시간에 갑판 위로 달려 나온 1,500명의 영혼들은 무슨 생각을 했을까! 어떤 사람은 무릎을 꿇고 성난 바다와 헤아릴 수 없는 하늘을 만든 창조주 하나님께 기도했을 것입니다. 어떤 사람은 붙잡을 수 있는 그 어떤 것도 없어서 비명을 질렀을 것입니다. 가슴이 메어지고 숨통이 막혔을 것입니다. 어떤 대가를 지불해서라도 타이타닉에 한번 몸을 실어보는 것에 중요성을 부여했던 사람들이 인생에 있어서 무엇이 정말 중요한가를 깨닫는 시기는 배가 침몰되는 순간이었습니다.

타이타닉은 이 세상의 권세와 부귀, 사치, 호화로움을 상징합니다. 이 배가 처음 항해인 처녀항해를 나선다는 것은 과학적으로, 기술적으로 완벽하고 흠이 없다고 믿었기 때문이었습니다.

그러나 침몰 상황에서는 과학도 손을 쓸 수 없었고 1등실에 있었던 보석상자와 부호들의 돈도 아무런 힘을 발휘할 수 없었습니다. 세계에서 가장 부유하다고 하는 사람들이 모여진 1등실의 교만함과 위세도 아무런 효과가 없었습니다.

발굴을 통해서 발견되어진 일기장에 '하나님도 이 배를 가라앉게 할 수 없다'라고 기록을 남긴 것을 볼 때 분명히 이들은 기술의 힘, 돈의 힘을 하나님처럼 숭상했음을 볼 수 있습니다. 완전방수, 20개의 구명보트, 질주력, 장애물 돌파력… 모두 완벽하다고 믿었습니다.

타이타닉의 모든 화려함이 하나하나 바다의 입 속으로 잠식당하는 순간 이들의 안전과 평화 그리고 부풀었던 꿈은 불안과 비명으로 바뀌었습니다.

이 절체절명의 순간, 갑판 위의 수많은 사람들을 평화롭게 만들고 이들이 붙들 수 있는 유일한 소망은 절대자 하나님의 사랑과 보호하심(그 곳이 어디라 할지라도)이었으며 인간 속에 숨어 있는 하나님의 최고의 형상인 사랑이 발동될 때 생명구조에 몸을 던지게 됩니다. 사랑은 죽음보다 강하다는 드라마가 펼쳐지기 시작합니다.

죽음보다 강한 것〈2〉

왜 사랑은 죽음보다 강하다고 하는 것일까?

화려하지만 형식과 자기과시, 그리고 엄숙한 규율로 생명의 숨통을 막는 한 가문과 한 남자를 이탈하려는 꿈 많은 18세 소녀 로즈의 몸부림이 타이타닉호 안에 있었습니다. 자유 아니면 죽음을 달라고 하는 로즈의 목마름이 그녀 자신을 갑판 맨 뒤쪽에 있는 인명 보호대 위로 올라가게 합니다. 사랑이라는 단어. 사랑이라는 이름. 사랑을 위한 환경을 모두 가졌다는 평가를 받기에 충분한 그녀가 갑판 인명 보호대 위에 올라가 검푸른 바다 위에 자신의 무덤을 만들려 하고 있습니다. 귀족가문과 결혼을 앞둔 그녀가 목숨을 던지려고 하는 것은 구차한 사랑을 구하는 더러운 영혼을 버리고 그 어떤 것에도 속박될 수 없는 자유스런 사랑을 찾는 일에는 그것이 죽음의 터널을 통과하는 일이라도 대가를 지불하겠다고 하는 것입니다.

사연의 깊이는 헤아릴 수 없지만 춤추는 파도 위에 몸을 던지려고 하는 순간, 생명의 의미를 안 잭이라는 한 젊은이가 로즈의 선택에 제동을 겁니다. 짧은 한줄기의 대화는 로즈의 영혼을 사로잡기에 충분한 의미가 있었고 로즈의 심장을 갈등하도록 만들기에 충분한 생명의 소중성을 심어 놓았습니다. 그리고 단 1분간의 처음 대화와 그 대화 속의 의미 때문에 잭과 로즈는 손을 잡고 갑판 위로 내동댕이쳐지면서 사랑의 느낌은 그때부터 시작되었습니다. 이 전율은 운명처럼 두 사람을 사로잡고 말았습니다.

왠지 모르게 자유스러운 분위기. 초라한 옷을 입었지만 진실한 옷을 입은 것 같은 어떤 성실함. 권위나 위선의 모양도 흔적도 찾아볼 수 없는 그 평안함이 로즈를 사로잡기에 충분한 인간미가 아니었나 생각해 봅니다.

그 만남의 여운이 맴돌고 난 후부터는 그녀가 있는 일등실의 공간이나 시설이 편안하게 느껴지지 않습니다. 일등실의 분위기, 축제, 사람 냄새가 향기롭지 못하여 잠을 느끼며 바람 같은 그 청년 잭이 이미 자기 마음 깊은 곳에 와서 자리를 잡고 자신의 전 삶을 움직이고 있음을 바라보게 됩니다. 이것을 사랑의 놀라운 힘이라고 표현할까요.

그 힘이 귀족사회의 특등 칸으로 탈피하게 만들어 아무도 방해하거나 끌 수 없는 진실한 사랑의 불꽃으로 배 안에 가득하게 됩니다. 그 만남 속엔 권위와 위선, 형식, 자기과시는 불타버리고 족쇄를 떨쳐버린 두 영혼의 자유함과 창조주 하나님의 아름다움이 나타났다고 할까요.

빙하지대 빙산에 충돌, 그리고 한 시간 이내에 침몰할 타이타닉 호. 4일간의 꿈의 항해와 사랑은 이렇게 끝나는 것인가! 이것은 배 안의 수많은 사람들의 비명이었을 것입니다. 그 흥분과 아수라장은 많은 사람들의 욕망과 욕심에 가득한 눈을 회한의 눈물로 가득 고인 눈으로 만들었을 것입니다.

구차하게 사는 것에 마음을 빼앗기지 않고 사랑으로 사는 일에만 마음을 빼앗기고 사랑의 영원성에 관심의 초점이 모아진 두 사람 앞에는 죽음이 제아무리 강하다 할지라도 그 사랑 앞에서는 노예일 수밖에 없다는 생각을 하게 됩니다.

배가 완전히 침몰하는 순간. 빙하의 차가운 물속으로 뛰어들어 부서진 배 조각에 사랑하는 여인 로즈의 몸 전체를 올려놓고 빙하의 차가움으로 얼어붙는 자신의 심장의 희미한 박동소리를 들으면서 손을 꽉 잡은 채로 "내 일생에 있어서 최고의 행운이 있다면 이 배를 탄 것이다"라고 말하는 최후의 사랑고백. 그리고 "사랑은 믿는 것"이라는 말을 되풀이하면서 자신의 몸을 빙하로 만들었습니다.

구명보트가 왔을 때 그녀는 죽음보다 강한 사랑을, 그 놀라움을, 그 생명력을 가지고 잭을 빙하 속에 남긴 채 살아나와 일평생 죽음보다 강한 삶을 살게 됩니다. 가끔 제 영혼을 흔들어놓고 가는 그 장면들. 어떤 때는 잠자는 제 영혼을 흔들어 깨워놓고 가는 그 영상들. 그려보고 싶습니다.

그 위기의 순간에도 함께 죽고 함께 살려고 했던 잭과 로즈. 아마 그들은 혼자 사는 것은 삶이 아니라고 생각했을지도 모릅니다. 혼자 사는 것은 인생의 무대에서 악기 없이 연주하려고 하는 비극이라고 생각했을지도 모릅니다.

배의 침몰 앞에 조금도 무릎 꿇지 않고 죽음 앞에 조금도 비굴하지 않고 '내 주를 가까이' 찬송가를 끝까지 연주하는 연주가들. 인생은 죽음이 생명을 완전히 덮을 때까지 최선을 다해 연주하는 것이라고 생각하면서 눈물을 적시다가 저는 '죽음은 생명 길 되나니 은혜로다' 는 연주의 가사를 떠올리면서 마음의 평안이 밀려옴을 느낄 수 있었습니다.

예수 그리스도의 십자가 사랑을 만났던 초대교회 수많은 사람들, 그리고 사도들, 제자들은 오랜 시간 주님의 사랑을 공부해서 순교한 것이 아니라 그 짧은 순간, 그 사랑에 부딪히는 순간, 체험되는 순간, 그 십자가의 사랑의 감동이 밀물처럼 밀려와 가슴을 열어줄 때 하늘의 영원한 세계를 바라보면서 그분을 위하여 즉각 순교하거나 죽음을 선택할 수 있었다는 것입니다. 사랑의 힘은 이토록 위대합니다. 잭이 로즈를 위하여 자신의 생명을 포기해 줄 수 있었던 것은 비록 4일간의 사랑이었을 지라도 죽음보다 강한 사랑이 그를 사로잡고 있었기 때문에 가능했던 것입니다.

이 기적은 구차한 생명을 수단과 방법을 가리지 않고 연장시켜 보려는 부끄러운 생을 사는 것보다 영원한 사랑에 목숨을 걸 때 우리 가운데도 늘 일어나는 기적입니다. 그 사랑은 십자가 위에서 하루도 쉬지 않고 당신을 초청하고 있습니다. 사랑은 죽음보다 강한 것입니다.

공동 선교구역

1954년 11월 8일 이래로 설치된 남북한 공동경비구역은 남북 대립의 긴장과 이산의 비애를 말하는 상징적 공간이라 말할 수 있습니다. 현재 우리 지역은 유엔 직할 공동경비구역 경비대가 경비를 맡고 있고 북측은 인민무력성 직할 경비대가 경비를 맡고 있습니다.

이 지역에서는 그 내용을 캐낼 수 없는 미스터리 휴먼 드라마가 수없이 펼쳐졌을 것입니다. 다만 체제의 장벽에 묻혀버렸을 뿐입니다.

이곳을 배경으로 펼쳐진 휴먼드라마 '공동 경비구역'이란 영화에서 경비구역을 넘어서 서로에게 다가가는 진실한 인간애, 인간미 하나만 가지고도 이데올로기의 터널을 뚫고 펼쳐지는 상대의 초소 안의 만남의 대 평원과 축제 그리고 가슴 뜨거움은 물고 싸운다는 것은 지극히 어리석은 일이요, 서로를 파멸로 몰고 갈 수밖에 없는 경계선의 메시지를 전하고 있습니다.

비무장지대 수색 중 지뢰를 밟아 대열에서 낙오된 남한의 이수혁 병장은 뜻하지 않게 만난 북한군 오경필 중사의 도움으로 목숨을 건지게 됩니다. 이렇게 인간적으로 처음 만난 이들은 군사분계선을 사이에 두고 남과 북 초소에서 경비를 서던 그들은 서로 감사와 안부의 편지를 날리며 급기야 '선'을 넘어서 만나기 시작합니다.

그들은 냉전의 최전선에서 팽팽하게 대치한 남북한 병사가 아닌 형과 동생으로 만나 특별한 우정을 쌓아갑니다. 결국 초소의 총부림으로 진실을 외면하려고 하는 체제의 크기 앞에 정면 도전하는 이수혁 병장과 오경필 중사의 생사의 몸부림을 외면하고 싶지만 피할 수 없는 현실 가운데서 진실을 은폐함으로써 평화를 유지하려는 체제의 거짓을 들추어냅니다.

교전국 체제의 이데올로기가 어떻게 한 개인을 비극으로 몰아가는가를 냉정하게 보여줌으로써 '분단'이 우리 역사와 개인에게 갖는 진실한 의미를 묻고자 합니다.

이수혁 병장의 마지막 자살은 인간의 가슴은 진실을 외면하고 살 수 없으며 참으로 공동경비구역으로 체제의 욕심을 떠나 하나 되지 않으면 민족도, 생명도 희망이 없음을 시사해 주는, 인간이 앞서야 한다는 메시지를 읽을 수 있습니다.

교회는 공동선교목적을 가지고 있으면서도 보이지 않는 교파의 경계선, 우월주의의 경계선, 편견과 미움의 경계선을 그어놓고 서로를 대치하고 바라보고 있습니다.

교회끼리 경계심(경계선)을 끊임없이 유지하면서 뭐 흠잡을 게 없나, 없는 사실도 있는 사실처럼 허위 위조하고, 조그만 사건도 떠다니는 구름처럼 불려서 흘러 다니게 하고 있는 우리 모습은 아주 인상깊이 들여다봐야 합니다. 이것이 우리의 전도 현장입니다.

아파트에 몸 실어 사람들이 기계처럼 들어 올려 교인끼리 멱살 잡고 네 교인이니 내 교인이니 언성을 높이고, 장로교인은 감리교 교패 떼러 다니고 감리교인은 장로교의 교패 떼는데 쾌감을 느끼는 것이 오늘의 전도 현장입니다. 수단과 방법을 가리지 않고 내 교회 교패 붙여 놓고는 전도했다고 기뻐합니다. 이것을 누가 전도라 했습니까?

이미 하나님 나라에 등록된(기존 교인) 영혼들은 이리 찢고 저리 찢어 영혼이 아니라 상품으로, 도구로 다루는 이 죄악들을 어떻게 씻어 낼 것입니까!

교회 안에서 혹은 복음의 부패(현장)에서 휴머니즘이 실현되지 않는다면 이 사회는 어두울 수밖에 없습니다. 절망일 수밖에 없습니다.

1988년 제가 김포교회에서 전도사로 수련 받을 때 박종소 목사님이 김포교회를 목양하고 계셨습니다. 당시 김포교회는 김포시를 대표할만한 규모의 교회였습니다. 그러던 중 교회는 선교차량을 새로 구입했습니다. 참 좋았던 차량이었다고 기억됩니다. 사방에 흩어진 교인들을 운행하려는 목적이 있었겠지요.

그런데 박종소 목사님은 차량에 교회 이름을 싣지 못하게 하셨습니다. 제가 물었습니다. 목사님 왜 차량에 교회 이름 새기지 못하게 하십니까? 이유는 휴머니즘 그 자체였습니다. 어려운 교회, 개척교회가 상대적으로 상처를 받는 다는 이유였습니다. 그리고 개척교회 옆으로 차량을 지나기지 못하게 하시고, 개척교회 앞에서는 교인이 서있더라도 교회 차량을 정차하지 못하게 하셨습니다.

처음에는 불만 많았지만 그분이 떠난 지금 아름다운 정신이 김포교회에 살아 숨 쉬고 있습니다. 하나님의 축복으로 언덕위에 위치한 김포교회까지 아파트 숲으로 덮여 버렸습니다.

이 종이 목회에 뛰어들기 전까지 늘 하시던 말씀이 기억납니다. "한 전도사님. 교인은 유리를 앞에 놓고 사랑해야 한다고요. 유리가 앞에 있어 잘 보이지만 너무 가까이 갈 수도 없고 멀리 갈 수도 없는 가슴앓이로 사랑하세요."

아파트의 물결이 거대하게 밀려와 우리교회는 물론 다른 교회들도 눈빛이 예전 눈빛 같지 않고 마음도 욕심으로 어두워지는 것 같은 느낌이 듭니다. 이럴 때일수록 빨리 마음을 비우는 자가 승리할 수 있을 것 같습니다. 누가 예수 정신으로 빨리 돌아가느냐에 따라서 전도의 승패가 결정 날 것 같습니다. 물론 하나님이 맡겨 주셔야 영혼이 교회에 들어온다는 것은 불변의 진리입니다.

전도현장에 사람 몰고, 선물 싸들고 갔는데 A교회가 먼저 와서 전도하면 얼마나 앞에 대한 그리움이 사무쳤으면 그리하나! 하고 그 자리를 비켜주고, 개척교회에서 다 낡은 봉고차 몰고 와서 그리움에 젖은 목소리로 전도지 뿌릴 때 우리가 뿌린 전도지 다시 회수하고 격려의 등을 두드려 주면 어떨까! 이렇게 환한 마음의 박수 보내주고 돌아설 때 우리 주님께서 환한 웃음빛으로 이 땅에 내리 쬐이시지 않을까! 그리고 공동전도지 만들어 진정으로 영혼을 사랑하는 마음으로 친절한 안내를 할 수도 있습니다. 교인들은 선택할 권리와 자유가 있음을 인정하는 것부터가 영혼사랑입니다.

공동전도지 앞에 음악 좋아하는 사람 A교회, 소그룹 B교회, 성경

공부C교회, 사회사업, 구제는 D교회, 성령운동 E교회, 말씀의 능력 F교회, 열린 예배 G교회 등…. 얼마든지 기쁨과 축제를 나누는 복음의 파노라마를 연출할 수 있지 않을까 생각합니다.

공동선교구역 앞에서 우리의 진정한 싸움은 혈과 육에 대한 싸움이 되면 안 될 뿐만 아니라 비난과 모함이 되어서도 안 되고 속임수가 되어서도 안 될 것입니다. 하나님 앞에 선 자세로 하나님 나라의 진정한 복음 운동이 무엇일까? 고민해야 하며, 교회 연합과 통일을 지향하시는 성령님의 음성을 들으면서 전도의 모든 행위와 전도지가 뿌려져야 할 것입니다. 이렇게 될 때 한국교회에 기대하시는 하나님의 그릇이 예비 될 것입니다.

깨뜨릴 수 없는 행복

사람 사는 곳에는 사람 사는 냄새가 나야 하는데, 인간 문명의 어머니라고 할 수 있는 농촌에, 과거에는 집집마다 거의 다 강아지나 개 한 마리씩은 키우고 있었습니다. 그래서 개들이 시끌벅적 짖는 모습이 있어야 사람 사는 냄새가 그래도 나는 것 같았습니다. 희귀한 개는 거의 없었고 친근하게 눈에 잘 띄는 일명 '똥개'라고 부른 개였습니다. 같은 개라도 신분의 차이나 외모의 차이가 많다고 생각했습니다. 주인의 사랑을 많이 받고 밥 한 그릇이라도 더 먹은 개는 털이 윤기가 나고 눈이 총명하고 혀는 축 늘어진 것을 볼 수 있습니다.

햇볕의 뜨거움이 온 땅에까지 배어있는 여름날. 봉당 처마 밑 그늘진 곳에서 개와 함께 더위를 피하다가 손으로 개의 머리를 위에서부터 밑으로 쓰다듬어 주면 개는 눈을 지그시 감습니다. 그리고 입을 벌리고 긴 혀를 밖으로 꺼내놓습니다. 너무 좋다는 표시입니다. 너무 행복하다는 것입니다. 그리고는 주인의 몸에 기대어 깊이 잠이 듭니다. 잠이든 이렇게 행복한 개를 어떻게 깨울 수 있습니까! 비록 '똥개'라는 신분을 가졌을지라도 한 생명의 행복을 어찌 깨뜨릴 수 있겠습니까! 만약 이렇게 행복한 잠에 빠진 개를 흔들어 깨우는 사람이 있다면 그 사람은 정말 강심장을 가진 사람임에 틀림없을 것입니다.

개 짖는 소리는 늘 세련되지 않은 음악처럼 해 뜰 때, 해질 무렵, 동네 구석구석마다 메아리쳤습니다. 개 짖는 소리는 아주 다양합니다. 개 짖는 톤이나 소리의 넓이나 음색을 들어보면 어떻게 그렇게 주인의 목소리와 비슷한지 모르겠습니다. 그래서 눈으로 보지 않고도 그 소리만 들어도 누구네 집 개 인지, 행복한 개인지, 불행한 개인지 짐작해 보곤 했습니다. 무엇보다도 중요한 것은 주인이 그 털이나 머리를 어루만져 주는 개, 주인의 손에 접촉 당하는 개는 행복한 목소리를 낸다는 것입니다.

접촉한다는 것에는 생명의 비밀이 숨겨져 있습니다. 캘리포니아 유명한 임상의사인 빌 죤스 박사는 "가출 소녀의 90%가 접촉결핍증에 걸려있다"는 보고를 한 적이 있습니다. 보고서의 의하면 그들은 가슴에 와 닿는 것이 무엇인가를 찾아 집을 나섰다가 가출소녀가 되었다는 것입니다.

유년기 때부터 피부접촉은 단순한 커뮤니케이션의 차원을 넘어선 사랑을 주고받는 행동이기 때문입니다. 그런데 이 유년기 때 접촉이 결핍되면 많이 울거나 여러 가지 잔병을 앓게 된다는 것입니다. 아이들이 따뜻한 피부를 그리는 정도는 음식을 원하는 생리적 욕구보다 강하다는 것입니다.

만약에 신생아와 산모를 오랫동안 격리시켜 놓고 분유만 먹인다면 울어대다가 탈진되어 결국 죽게 된다고 합니다. 소위 '소아 탈진증'이 이것인데, 이 병은 쓰다듬어 주는 것 이외에는 약이 없는 병이랍니다.

이 놀라운 생명의 원리 때문에 동물들도 손이 없어도 혀로 새끼의 몸을 핥아 주는 것입니다.

이천에서 목회할 때 경험입니다. 이른 봄부터 많은 새들이 우리 가정으로 찾아왔습니다. 새들과 눈을 마주치면 한동안 서로는 이러지도 못하고 저러지도 못하고 바라보다가 저와 새는 눈길을 돌립니다. 그 여운이 남아서 새벽이면 응접실 커튼을 열어봅니다. 여전히 쥐똥나무 위에서 박새가 새벽기도 하는 있는 장면을 목격하게 됩니다. 아주 싱싱하고 맑은 목소리로….

어느 날, 싱크대 위 음식을 환기시키는 후황 쪽에서 이상한 소리가 들려서 쥐가 들어와 새끼를 낳은 줄만 알았습니다. 꺼내 버리려고 쓰레기통을 대고 환기통(주름관)을 빼는 순간 깜짝 놀라지 않을 수 없었습니다. 박새가 환기구멍을 통해 우리 집으로 들어와 집을 짓고 알을 낳고 새끼를 쳐놓은 것입니다. 제가 어미인줄 알고 입을 벌려 먹을 것을 달라고 하는 모습이 너무 간절하고 예뻐서 박새 새끼들의 머리만 몇 번 쓰다듬고 주름관을 닫아 버렸습니다. '오랫동안 음식냄새를 밖으로 배출시키지 못해도 좋다. 이 둥지를 버리고 날아갈 때까지 기다릴 거야'라고 생각했습니다. 둥지를 꺼내어냄으로 그들의 행복을 깨뜨리고 싶지 않았습니다. 새끼들의 머리를 쓰다듬어 준 그 접촉이 그들의 생명을 더 건강하고 활기 있게 만드는 사랑의 접촉이었으면 합니다.

생명을 사랑하는 목사에게는 새들까지 날아 둥지를 틀고 알을 낳고 새끼를 쳐도 전혀 두렵거나 겁나는 대상이 아니라고 새들은 생각한 것 같습니다. 놀라운 행복감이 밀려옵니다. 자랑하고 싶습니다. 어떠한 목회의 풍우가 있어도 깨뜨릴 수 없는 행복입니다. 이 행복감을 가지고 사랑하는 교인들을 어루만져 주고 싶습니다.

예배는 얼굴 마주하는 기쁨으로…

장마의 바람이 불고 빨래하나 마르지 않는 궂은 날씨를 보내면서 요즘 저는 우리 교인들의 궂은 얼굴을 떠올리게 됩니다. 힘겹게 세상을 살고 궂은일을 많이 하다 보니 그렇게 표현될 수밖에 없는 모습이라 생각하면서도 오히려 가정이나 직장에서 또는 교회에서 궂은일을 더 많이 감당함으로 기쁨이 꽉 차 보이는 얼굴, 은혜가 꽉 차 보이는 얼굴이 성령으로 사는 성도의 모습입니다. 환경의 파도 위에 서서 스데반의 얼굴로 살아감으로 주변을 감동시키는 얼굴이 얼마든지 있습니다.

어쨌든, 우리 교인들과의 얼굴 마주하는 기쁨은 큰 것입니다. 주일 아침이면 어떠한 모습으로 앉아 있어도 얼굴 마주하는 그 기쁨은 목회자가 아니면 이해가 되지 않는 기쁨이라 생각됩니다. 믿음이 있든 없든 초라하든 화려하든 표정이 밝든 어둡든 아무런 문제가 안 됩니다. 예배의 공간 속에 그 영혼이 앉아 있다는 것, 그것이 저에게 큰 기쁨이요 힘이 되기도 합니다.

모든 목회자들도 같은 통찰력을 가지고 있다고 생각하지만 저는 주일 낮 예배 강단에 오르면 예배 중간에 모든 자리가 한눈에 들어옵니다. 아주 짧은 순간 결석한 성도가 파악되고 비어있는 자리가 보이고 내 마음이 텅 빈 것 같은 아픔이 밀려오기도 합니다. 그 자리에는 꼭 모 집사님이 앉아 있어야 하고, 그 자리에는 꼭 모 권사님이 앉아 있어야 하는데 비어 있을 때의 그 쓸쓸함은 설교의 맥을 빼앗아 갑니다. 우리 교인들은 잘 모르겠지만 사람은 심리적으로 매주일 같은 자리에 앉아야 편안하고 자기 자리를 찾았다는 느낌을 갖는다고 합니다. 그래서 눈으로 외워두지 않아도 자기도 모르게 매주일 그 자리에 앉습니다. 그래서 여러분의 목사는 비어있는 그 자리만 보면 그 성도가 떠오르고 기다렸던 마음에 허전함을 채우고 설교를 시작하게 된답니다. 그래서 저는 늘 성령의 도우심이 없이는 설교 중간에 강단을 뛰어 내려올 수밖에 없을 만큼 설교가 힘이 든 것이라 생각합니다.

얼굴 마주하는 기쁨은 위력이요 기적입니다. "예배는 늘 하나님과 얼굴 마주하는 기쁨을 누리는 것입니다. 주님의 십자가 앞에 나를 있는 그대로 대면시키는 일입니다"라고 여러분의 목사는 수 년 동안 강조해왔습니다. 하나님과 얼굴을 마주하는 기쁨을 누리는 예배가, 십자가 앞에 나를 대면시키는 예배가, 생각도 떠나있고 마음도 떠나 있으면 주님이 얼마나 쓸쓸해하시고 허전해 하실까 생각해 보게 됩니다.

"신령과 진정으로 예배 드려라 신령과 진정으로 예배드리는 자를 내가 찾겠다"고 주님께서 말씀하셨습니다. 그런데 요즘 신령과 진정이 떠난 예배의 형태들을 몇 가지 소개해 드리고 싶습니다. 깨달음이 있었으면 좋겠습니다. 먼 거리 강단을 응시하는 딴 생각과, 주보에

밑줄 긋고 교정까지 보는 읽기파, 졸면서 예배드리는 수면파, 수시로 시계 들여다보는 시간 절약파, 옆 사람과 글로 대화하는 쪽지파, 예배 후에 회의 준비를 하는 회의파, 성경 읽기로 시간 때우는 실속파… 이런 모습들은 성령이 함께 하시지 않는 십자가를 떠난 예배의 현상들입니다.

예배는 문안인사도 아니요 거룩하신 하나님과 죄인인 그의 백성이 만나는 자리입니다. 얼굴 마주하는 기쁨을 누리는 것입니다. 그 자리에 앉아서 예배드리는 그 백성의 얼굴을 보시고 흐뭇해하시는 하나님의 가슴을 이해하는 것이 예배라고 생각됩니다. 그리고 십자가 앞에 나를 대면시킬 때, 십자가를 떠나지 말고 십자가 앞에 있을 때, 십자가에 달리셔서 피를 흘리면서도 외로움과 쓸쓸함을 잊어버리고 흐뭇해하시는 주님의 얼굴을 마주하는 기쁨을 누리는 것이 진정한 예배가 아닌가 여러분의 목사는 생각해 봅니다.

사랑하는 사람과는 무엇을 받아서가 아니라, 어떤 것을 챙길 수 있어서가 아니라, 시간손해, 물질 손해가 온다 할지라도 "얼굴 마주하는 기쁨" 그 하나가 우리의 인생을 움직인다고 생각합니다.

예배는 나를 사랑하시고 또 내가 사랑하는 주님 앞에 "얼굴 마주하는 기쁨"으로 앉아있는 일입니다. 우리 교인들과 예배드릴 때나, 식사할 때나, 특별한 만남을 가질 때나 혹은 지나친 대접을 받을 때에도 "얼굴 마주하는 기쁨"을 능가하는 기쁨은 없습니다.

그리운 공간

오늘은 갈 곳이 많아서 마음이 분주합니다. 뜨거운 땡볕 한복판에서, 아스팔트 지열을 마시면서 전도하는 여선교회원들에게도 가야 합니다. 목자의 웃음만 가지고 가려합니다. 세상을 보고 싶은데 몇 미터 마당을 못나와 신음하는 교우에게도 가야 합니다. 하지만 매주일 우리 교인들의 가슴에 저의 손때 묻은 글 한편을 선물해 드려야 갈 길을 갈 수 있을 것만 같습니다.

사람마다 자기가 좋아하고 사랑하는 공간이 있습니다. 하늘 샘 토평교회 인테리어하고, 다듬고, 가꾸고 영적인 싸움을 하던 지난 만 2년 동안 저에게는 진정한 공간이 없었습니다. 마음 터놓을 공간도, 정신을 씻어 줄 영혼의 공간도, 그리 마음에 흡족한 곳은 없었습니다. 지금은 모든 일이 마무리되지 않았지만 마음의 여유를 갖게 되니 공간이 많이 생겼습니다. 그렇게도 보이지 않았던 공간들이 새로 생긴 건물이나 분위기가 아니라 예전 그대로인 곳에서도 저의 공간은 얼마든지 있음을 발견했습니다. 더 감사한 것은 글 쓰는 공간이 생겼다는 것입니다. 감격은 글 쓰는 공간을 발견했다는 것입니다. 마음이 커지면 어디에서나 내 공간은 너무 많다고 하는 사실입니다. 인위적으로 만들어서 생겨난 것보다 어떤 공간이 있든지 그것을 발견할 수 있다는 기쁨입니다.

물론 요즘 하나님이 선물하신 목양실과 아파트와 농촌문화가 어우러진 풍경, 한강의 물결, 아차산 산책코스도 목사의 생각을 크게 하는 좋은 공간입니다.

고등학교 시절 시 한편 완성하려고 교실 한구석에 앉아 있는 저에게 아주 흡족한 얼굴로 다가오셨던 한 분을 잊을 수가 없습니다. 그분은 저에게 자긍심을 심어주고 가능성을 날마다 끄집어 내 주셨습니다. 김욱현 선생님인데, 아직도 저의 깊은 곳에 그분의 자리가 남아 있습니다. 가끔 그분의 인격과 언어, 강의에 빠져들곤 했는데 그분이 누비고 다니는 그 한 시간(국어시간), 그분이 서 있는 공간이 좋았습니다. 너무 편안했고 너무 너그러웠습니다. 얼마나 편안한지 그 시간에 입시에 가슴 눌려 잠 못 이룬 친구들이 그분의 목소리를 들으며 고요히 잠에 빠지곤 했습니다.

졸업하면서 그분에게 선물했던 캘린더 위에 '예수 믿으세요'라고 마지막 진실과 사랑을 적어놓고 튀어나왔는데, 졸업한지 20년이 지난 지금까지 그분의 공간에 저의 이름이 남아있는지 궁금합니다. 남아있지 않아도 서운하지 않지만, '예수 믿으세요'라는 마지막 진실만은 그분의 공간에 남아있었으면 좋겠습니다. 가식도 없고 위선도 없었던, 순수한 것만 노래하던 그때가 늘 그립습니다.

평생 희랍에 반해 희랍을 읊었던 영국의 시인 바이런에게 왜 그렇게 희랍을 사랑하느냐고 물었습니다. 희랍의 문명과 태양에 반했다는 대답을 기대했을 것입니다. 한데 그 대답은 엉뚱한 것이었습니다.

아테네 부두가의 한 노점에 들렀을 때, 노점상 할머니가 잘못 접힌 옷깃을 바로 잡아주던 그 티 없는 인정이 희랍을 못 견디게 좋아하게 된 동기라 했습니다.

노점상은 가식이나 위선이 없는 그 나라의 가장 그 나라다운 풍물이요 풍미요 인심이요 인정의 원천이라 생각하니 감리교신학대학교 시절 자정이 넘어 노상에 있는 포장마차 추억이 기억납니다. 가식도, 위선도 없이 따뜻한 정을 라면 한 그릇에 담아 돈이 없어 둘이 나눠먹으면서도 훈훈했던 그 공간이 자꾸 되살아납니다. 식권 한 장으로 학교 식당에서 밥을 수북이 담아 와서 가난한 친구와 함께 머리를 밀어가며 밥을 퍼먹었던 그 공간에 다시 한 번 앉아있고 싶습니다.

내일이면 다양한 모양과 생각으로 교회에 달려올 우리 교인들을 생각합니다. 비록 작은 사람이 작은 냄비에 담아 대접하는 말씀이지만, 라면 한 그릇을 나누어 먹으면서도 훈훈할 수 있는 그 정을 선물하고 싶습니다. 그리고 계속 그리워지는 편안한 공간, 너그러운 공간을 만들어 드리고 싶습니다.

냉수 한 그릇이고 싶습니다

밤새도록 비를 목격하던 날. 수택동은 수심(水深)에 잠겨 버렸습니다. 지하에 사는 사람들은 모두 가재도구를, 생활의 도구를 수장시켜 버리고 수심(愁心)에 그늘진 얼굴로 하늘을 바라보고 있습니다.

수해에 대한 대책이나 뚜렷한 혜택에 대한 이해관계 싸움이 계속되고 있습니다. 보상도 시원찮다고들 말하고 있습니다. 사실인지 루머인지 모르지만, 수문장의 책임이냐, 시의 책임이냐 아니면 행정기관이야, 하늘이냐 하고 분노해 하고 있습니다. 이웃의 눈빛도 예전처럼 따뜻하지 않습니다. 물은 많아 지천인데, 물 하면 진절머리가 날만큼 물이 흠뻑 골목이나, 도로마다 스며들었는데, 사람을 살리는 냉수 한 그릇의 시원함은 찾아볼 수 없는 것 같습니다.

탈진한 생명들에겐 냉수 한 그릇 같은 사회, 냉수 한 그릇 같은 제도, 냉수 한 그릇 같은 사람이 필요한 것입니다.

냉수 한 그릇 같은 목자가 못되는 것 같아 햇볕에 말려지고 있는 옷들, 이불, 살림도구를 보고 주님의 아픔과 목회의 숙제만 잔득 지고 돌아왔습니다. 수해 당하신 김재분 집사님의 주름만큼 깊은 지하의 텅 빈 방들을 눈에 담아 가지고 와서 주름처럼 깊은 기도를 하나님께

아뢰었습니다. "냉수 한 그릇 같은 목자"가 되고 싶어서요.

그리고 아침에 흘러나오는 방송에서 기가 막힌 아픔을 듣습니다. 31년 만에 헤어진 언니와 만나게 되었습니다. 미국에 있는 언니가 한국에 있는 동생을 만나러 와서 혈육의 피눈물을 나누고 만남의 잔치를 나누었습니다. 그리고 그 밤에 시골에 있는 동생 집 작은방에서 함께 잠을 자다가 폭우가 내리치니 산사태가 일어나 두 자매는 만나자마자 영원히 함께 있는 곳으로 갔습니다. 죽었다는 말입니다. 가슴이 메어지는 것보다 눈물이 메어져 아침 내내 울었습니다. '저들 영혼에 냉수 한 그릇이 되었으면' 하는 마음으로 하루 종일 신음했습니다.

발걸음을 기다려 주는 사람들이 있다는 것은 땀을 흠뻑 흘리고 나서 냉수 한 그릇 먹는 것 같은 저의 기쁨입니다. 요즘 가정을 방문할 때마다 가정마다 분위기와 색깔은 달랐지만 말씀을 그리워하고 영혼의 잔잔한 치유를 목말라하는 얼굴에는 일치되어 있는 듯 했습니다.

이렇게 준비된 이들의 간절함에, 또는 가정에, 냉수 한 그릇이라도 대접하고 싶은 생각으로 말씀을 던졌습니다. 제가 섬길 수 있는 유일한 도구이면서 최고의 도구인 말씀, 내게 있는 것 중 가장 귀한 것, 이 말씀으로 짧은 시간이지만 양들을 섬길 수 있다는 것이 뜨거운 여름과 장마가 뒤섞인 힘든 시간을 살아가고 있는 교우들을 향한 여러분의 목사의 심정입니다.

목자의 한순간의 작은 생각들이 쌓여져서 양들의 영혼과 신앙의 줄기를 형성한다고 생각하면 결코 소홀히 할 수 없는 사역임을 어릴 때 시골 처마 밑에서 보았던 고드름 형성 과정으로 설명해보고 싶습니다. 한 방울 한 방울 처마 밑으로 떨어지던 물이 순서대로 얼어 긴 고드름을 형성합니다. 흐르는 물이 깨끗하다면 고드름도 깨끗하여 햇빛을 받아 찬란하게 빛이 납니다. 그러나 물이 조금이라도 흐리면 고드름은 깨끗하지 못하게 보이며 그 아름다움은 망가집니다. 우리의 영성도 이와 같이 형성됩니다. 목자의 한순간의 생각이나 감정이 쌓여 신앙생활에 영향을 줍니다. 만일 이런 작은 생각들이 순수하고 올바르다면 영혼은 사랑스럽게 될 것이고, 행복으로 빛날 것입니다. 그러나 불순하고 악하다면 영혼은 추하고 비뚤어질 것입니다. 양들이 목자를 위해서 정성을 다해 기도해 주셔야 하는 이유가 여기 있습니다.

사막 같은 세상 한복판에 서서 물을 찾지 못하고 소리 지르는 양들의 울음소리를 들을 수 있는 냉수 한 그릇 같은 목자가 서있어야 하고, 이러한 목자의 모습과 함께 양들을 찾아 헤매느라 탈진상태에 빠진 목자에게 냉수 한 그릇이라도 대접하려하는 양들의 따뜻함이 일치될 때 교회다운 교회가 될 것이라는 생각이 듭니다.

'냉수 한 그릇'은 사소한 이미지처럼 들릴지 모르지만 목회자의 마음에 양들을 섬기기 위한 말씀의 그릇으로 늘 있어야 하며 양(성도)들의 손에 목자의 사역에 힘이 되는 사랑으로 늘 들려 있어야 하는 도구이며 생명입니다.

물은 많지만 물이 없다는 말을 생각해봅니다. 바다에서 배가 좌초되어 보트에 타고 있는 선원들을 생각해봅시다. 해가 내리쬐는 바다에 계속 표류합니다. 그들의 주위에는 물뿐이지만 그들의 갈증을 풀어줄 물은 한 방울도 없습니다. 이것이 요즘 인간관계입니다.

　부상당한 한 병사가 전장을 가로질러 횡단하고 있습니다. 해는 기울고 별이 하나 둘 나타나기 시작하지만 시원한 밤이 되어도 총상으로 인한 그의 타는 목마름은 가시지 않았습니다. 그때에 어떤 동료가 그 부상당한 친구에게 고요한 별빛 아래서 신음하는 것을 발견하고 가까운 웅덩이를 찾아 물 한 그릇을 떠다줍니다. 그때 그는 "냉수 한 그릇"의 고마움은 영원히 잊지 못할 것입니다.

　물은 많지만 갈증을 풀어줄 물이 한 방울도 없는 세상에서 여러분의 목사도, 하늘샘 토평교인들도 '냉수 한 그릇'을 들고 서로 섬기고 대접하는 생명의 관계를 만들어야하지 않을까 생각합니다. 야곱의 우물가에 서서 사마리아 여인에게 물을 청하시던 예수님과 사마리아 여인과의 영원히 목마르지 않는 관계처럼 말입니다. "냉수 한 그릇이고 싶습니다" 그것이 곧 하늘샘입니다.

디지털 영성

환자들이 아픔을 흘리고 다니는 거리에는 예수님이 계셨습니다. 예수님이 그 아픔을 밟고 쫓아 가셨습니다. "내가 가서 고쳐 주리라." 고쳐주신 예수께서는 늘 '죄'를 거론하시거나 '회개'를 거론하셨습니다. 그리고 치료의 근거를 말씀하셨습니다. "네 믿음이 너를 구원하였느니라."

"내가 너를 고쳤느니라" 하시는 '내가' 주체가 아니라 '네가'가 주체로 말씀하셨습니다. "네 믿음이 너를 구원하셨노라. 네 믿음이 크도다. 네 소원대로 되리라. 이스라엘 중에 이만한 믿음을 보지 못하였느니라...." 주님이 전적으로 하셨는데 그 근거를 우리의 자세, 마음, 믿음에서 찾으셨습니다.

아픔의 여러 줄기 가운데 하나인 질병, 이것을 생명체의 영원한 숙제로서 끊임없이 씨름해야 하고 풀어야 하는 삶의 깊은 줄다리기입니다.

교우들 가운데도 그 아픔과 질병은 헤아릴 수 없이 다양합니다. 그래서 의학의 진단도 다양하겠지만 주님의 정확한 진단도 다양할 것이며 예상을 뛰어넘는 처방이 나올 수도 있을 것입니다. 그런데 생명의 주인이신, 생명의 총괄 의사이신 예수 앞에서 공통적인 처방 중에 하나로 반드시 포함되는 요소인데, 그것은 예나 지금이나 '믿음'이라는 처방전일 것입니다. 물론 투병생활 하시는 교우들 나름대로의 신앙고백의 바탕 위에 진주 같은 결정체를 형성하는 믿음으로 견디고 계실 줄 압니다.

그 가운데 어린아이의 믿음 때문에 가슴에 고여 있는 눈물 같은 은혜와 영적 전율을 나누고 싶습니다. 윤희는 나면서부터 연약하게 형성된 신장(콩팥) 때문에 아픈 성장을 해왔습니다. 새롭게 개발된 현대 의학 치료법이 치료의 가능성이 높다고 해서 경희대 병원에 수 차례 입원하여 치료해 왔었습니다. 그런데 현대의학과 서양의학의 약점이 그대로 재현되고 노출 되고 마는 치료에 불과했습니다. "한 곳을 고치려고 다른 곳을 망가뜨리는" 그러한 고통이 계속되어 위도 망가지고, 시신경에 이상이 오고, 얼굴도 붓고, 뼈도 아프고, 형체를 알아볼 수 없도록 변화해 가는 모습을 보면서 하나님께 기도했습니다.

그래서 이 종이 창조질서와 자연의 순리를 모방한 동양의학 법으로 치료하는 것이 부작용도 덜할 것이고, 육체를 만드신 하나님의 순리에 맞을 수 있다고 권고했습니다.

온 가족이 순종했기 때문에 이 종도 기도의 세계를 더 깊이 펼치고, 아픈 영혼 만지다가 눈치로 배운 수지침을 시술하기 시작했습니다. 기술이 아니라, 방법이 아니라, 이 종의 손끝에서 나가는 침을 통하여 하나님의 기운, 사랑의 기운이 들어가서 하나님의 치료가 나타나기를 전적으로 기대한 것뿐입니다.

어느 날 한방 치료와 온 집안 식구들의 기도와 이 종의 사랑의 수지침 터치가 효과가 있었는지 어린 생명(윤희)이 달라지기 시작했습니다. 양손 50개 이상의 침을 꽂는데, 고통스러울 텐데 꾹 참고 좋아하면서, "나는 목사님 체질이야"하면서 믿음의 시술을 받았던 윤희가 활기를 찾기 시작했습니다.

얼마 전 대구에 있는 삼촌이 치료도 하고 좋아하는 것 사먹으라고 윤희의 작은 손에 거금을 주었답니다. 받아들고 그 돈을 감당할 수 없었던 어린 영혼은 주님께 바치기로 했답니다. 이렇게 고쳐 주시는데 주님께 드리고 싶다는 것입니다. 그래서 윤희는 주님 사랑하는 마음을 찬양단 디지털 피아노에 자신의 믿음을 담아 봉헌 드리고, 자신도 여러 가지 음색과 모양으로 하나님을 찬양하는 디지털 피아노가 되기로 했답니다. 디지털 시대에 디지털 영성입니다. 주님이 완벽하게 고치실 것입니다. 주님이 고치시고 주님이 고치셨다고 말씀하시지 않으시고 윤희의 믿음이 고쳤다고 말씀 하실 것입니다.

성경은 "하나님께 나아가는 자는 반드시 그가 계신 것과 또한 그가 자기를 찾는 자들에게 상주시는 이심을 믿어야 할찌니라"(히 11:6) 말씀했습니다.

위대한 사도 바울은 "나의 의뢰한 자를 내가 알고 또한 나의 의탁한 것을 그 날까지 저가 능히 지키실 줄을 확신함이라"(딤후 1:12)고 선언했습니다. 우리 몸은 하나님 거하시는 성전입니다. 성전을 건강하게 지키고 있나요?

히에라폴리스(파묵갈레)의 감동

눈 같은 과자로 만들어진 노천 사우나로 상상했던 히에라폴리스 (파묵갈레)를 볼 수 있게 되었습니다. 마치 구름이 내려앉아 꽃모양을 수놓은 것처럼 그 아름다움과 신기함은 환호성으로 표현되었습니다.

와! 와! 오랜 세월 역사의 굴곡을 넘어왔으면서도, 많은 제왕들의 침략을 받아왔음에도 모습 그대로 여전한 모습으로 자태를 뽐내고 있었습니다. 이 자태 위에 흐르는 물이 전 세계 수많은 사람들의 옷을 벗게 만드는 마력을 지니고 있는 듯 했습니다. 수천 년 동안, 지금 도...., 이 구름 같은 돌에서 흘러나오는 물이 탄산, 유황 온천이기 때문입니다. 온천이라고 하면 수백리 길이라도 달려가는 한국 사람들이 옷을 벗고 뛰어오는 모습이 상상이 됩니다.

이러한 히에라폴리스에 대한 성경적 근거를 찾아보면서 저의 글을 이어가고 싶습니다. "그리스도 예수의 종인 너희에게서 온 에바브라가 너희에게 문안하니 저가 항상 너희를 위하여 애써 기도하여 너희도 하나님의 모든 뜻 가운데서 완전하고 확신 있게 서기를 구하노니 그가 너희와 라오디게아에 있는 자들과 히에라 볼리에 있는 자들을 위하여 많이 수고하는 것을 내가 증거하노라"(골 4:12-13)

수많은 초기 기독교인들이 믿음을 지키며 살았던 것으로 생각되는 이 지역 히에라 폴리스(파묵갈레)는 '거룩한 도시'라는 뜻을 가지고 있습니다. 라오디게아로부터 9km정도 떨어져 있는 히에라폴리스의 현재 이름은 파묵갈레입니다. 해발 750m의 리쿠스(Lycus)계곡 언덕 위에 세워진 도시이며 골로새로부터는 약 16km 북서쪽에 위치하고 있습니다.

목화성이란 뜻을 가지고 있는 파묵갈레(Pamukkale)는 목화송이 내지는 구름송이 뒤덮인 성과 같은 자연의 비경을 이루고 있습니다. 이는 다양한 칼슘이 들어 있는 온천물이 흐르면서 자연의 이산화탄소와 만나 화학반응을 일으켜 석회석으로 변하면서 종유석을 만들어 내기도 하고 자연의 비경을 만들어 내기도 한다는 것입니다. 파묵갈레의 온천물은 섭씨 35-50도의 탄산수 온천물로써 심장병, 소화기 장애, 신경통에 효과가 있다고 전해져 로마 황제들까지도 이곳을 찾아왔었다고 합니다. 이 자연의 비경 위에 흐르는 온천물을 유인해서 호텔 안에 큰 탕 안에 가둬놓고 온천욕을 즐기게 만들어 놓았습니다.

저는 양말을 벗고 물이 흘러나오는 종유석을 밟으면서 흘러내려가는 물에 이 종이 만나는 양들의 질병과 아픔이 씻겨 내려가기를 소망했습니다. 지면으로 흘러나와도 이렇게 따뜻한 온천물이 우리 주님의 보혈처럼 따뜻하게 느껴졌기 때문입니다. 초기 교인들은 이렇게 따뜻한 마음, 따뜻한 신앙을 가지고 주님을 섬기지 않았나 생각해 보게 됩니다. 흘러가는 온천물에 발을 한참 담그고 있으니 온 몸이 훈훈해졌습니다. 이것이 온몸의 훈훈함으로 저에게 맡겨진 양들을 사랑하는 저의 마음이었으면 합니다. 9km정도 흘러가다가 라오디게아까지 오면 식어서 미지근한 물이 되는 히에라폴리스(파묵갈레)의 물이 아니라 세월을 따라 흘러가도 식지 않는 따뜻한 목자의 마음을 가지고 살고 싶습니다.

파묵갈레의 온천물을 이용한 남녀 공동탕에 들어가게 되었습니다. 물론 수영복을 입고 말입니다. 신장이 큰 서양 사람들에 맞춰서 만들어 놓아 개구리 수영이라도 할 줄 아는 저는 장시간 버틸 수 있었습니다. 저의 신장에 한 길이 넘을 정도로 깊은 곳도 있었기 때문입니다. 개구리 수영은커녕 여독에 지쳐서 침실에 그냥 곯아떨어진 아내의 잠자는 얼굴보고 이렇게 지껄였습니다. "짧으면 수영이라도 미리 배워두지…"

히에라폴리스에 흐르는 역사

터키는 한국 면적의 여덟 배로 큽니다. 너무 넓은 평야가 즐비해 있어서 들판을 바라보며 생각에 잠긴 한 농부는 무엇을 심어야 할까, 하고 고민하고 있는 듯 했습니다. 바다의 지평선처럼 보이는 목화밭에서 목화를 따는 한 여인의 성실함과 땀이 차창 밖으로 보입니다. 목화밭 끝은 아득하게만 느껴질 것이 뻔하니까 아예 고개를 숙이고 하얗게 터진 목화솜만 바라보고 한 송이 한 송이 바구니에 담습니다.

이러한 목화송이처럼 형성된 히에라폴리스(파묵갈레)는 하늘에서 천사가 내려와서 터키 땅에 목화송이를 따는 농부들의 땀을 씻어주려고 만들어 놓은 선물인 듯 보입니다. 생김이 목화송이와 너무 비슷해서 이러한 생각을 해보게 됩니다. 목화송이도 파묵갈레의 온천처럼 그 따뜻함과 포근함은 주님의 마음 같다고 할까요.

이제 히에라 폴리스의 역사를 말하고 싶습니다. 히에라폴리스는 센루쿠스 왕국의 안디옥쿠스 1세에 의해 세워졌습니다. 히에라폴리스의 비문중의 하나가 버가모왕 에베네스 2세의 어머니(주전 197~159)의 것이었으므로 버가모 왕국이 세워졌다는 논란이 일어나기도

했습니다. 이곳에는 양털 직조 산업이 발달하였고 카펫 염색공업이 발달했습니다. 휴양의 도시요 자유도시로 인정받은 히에라폴리스는 상업이 발달하고 유대인들도 로마시대에 약 10,000여명이 살고 있었다고 합니다. 로마의 유명한 웅변가요 정치가인 키케로는 이곳에서 그의 많은 서사시와 연설문을 작성했다고 전해집니다.

주변에는 많은 고고학적 유적들이 있습니다. 연극장 뒤에 비탈진 언덕위에 빌립 사도의 기념교회가 있습니다. 빌립 사도는 이곳에서 복음을 전하다가 우상숭배자들에게 매를 맞고 감옥에 갇히게 되었는데 그는 갇혔던 감옥에서 숨지고 말았다는 것입니다. 빌립 사도는 그의 아들들과 함께 이곳에 집을 짓고 히에라폴리스 교회를 세웠다고 합니다. 후에 기독교 시대에 와서 그가 숨진 곳에 빌립 사도의 기념교회를 세웠습니다. 사도의 무덤은 아직 발견되지 않았으며, 성문 밖에 있는 이 교회는 20m×20m의 크기이며 주후 5세기 후반 정도에 화재로 교회가 파괴되었습니다. 이 교회를 폴리갑은 빌립 사도의 순교로 해석하고 있지만, 요세푸스는 빌립 집사가 4명의 딸과 함께 히에라폴리스에 묻혀있다고 그의 역사책에서 말하고 있습니다.

히에라폴리스를 나오면서 늘어서 있는 석관 공동묘지를 들렀습니다. 신분의 차이, 빈부에 따라 크기와 모양이 달랐습니다. 집사람과 함께 장군묘지였었다고 전해지는 무덤 문에서 장군 같은 폼을 잡고 사진을 촬영했습니다. 이곳에는 세 가지 형태의 묘가 있는데 대부분의 묘는 석관의 형태입니다. 이것은 평민들의 묘입니다. 그러나 석돌집을 만들어 그 안에 선반을 만들어 그 선반 위에 시신을 놓고 문을 닫는 묘는 대부분 부자들의 묘라고 할 수 있습니다. 그러나 돔 형식의 묘는 그 안에 계단으로 내려가면 그 안에 방이 있습니다. 이런 묘는 영웅들의 묘라 합니다.

기독교인은 무덤을 자랑하지 않고 빈 무덤을 자랑하고, 무덤에 매이지 않는 주님이 만드시는 그 집을 오늘도 그리워합니다.

왜 높아지려는가!

높아지려는 의지, 올라가려는 욕망. 지배욕은 사람의 최선의 본능이며 동시에 최악의 본능입니다. 일종의 신분상승의 욕망은 아담과 하와를 에덴에서 추방시키고 추락시키는 비극을 만들어냈습니다. 욕망을 가지고 있는 것에 문제가 있다기보다 거기에 눈멀 때 교만하여져서 상황판단을 못하게 될 수 있다는 것이 문제입니다.

가인도 이것을 못 다스려 비극의 주인공으로 문을 닫고, 에서와 야곱도 이것 때문에 속이고 속고 배반하는 가정의 위기에 직면합니다. 다윗 가문도 높아지려는 욕망 때문에 자손끼리 원수가 되고, 칼이 떠나지 않고 아들 압살롬과도 대적해야하는 아버지의 눈물이 흐르는 상처 입은 가정이 되고 맙니다. 때를 기다리지 못하고 교만하고 흥분된 압살롬의 전사 소식을 들은 아버지가 깨달은 교훈이 무엇이었을까요? 높아지려고 아들을 포기한 사람은 하나님도 포기하신다는 엄숙한 하나님의 표현을 배웠을 것입니다.

성경의 역사나 우리의 역사를 보더라도 간과할 수 없는 일치되는 인간의 몸부림이 하나 있었다면 끝없이 높아지려고 인간은 온갖 지혜와 방법, 술수를 다 동원하여 그것을 추구했으며 높은 권세나 세도를 얻어도 그 결말은 희극이라기보다는 비극이었다는 것입니다.

요즘 현대인들이 역사드라마에 매료를 느끼고 있습니다. 사람을 배울 수 있기 때문입니다. 크게는 삶을 살아갈 수 있는 지혜와 지도력을 배울 수 있기 때문입니다.

여인천하라는 역사 드라마는 문정왕후의 세력과 그 세력을 등에 지고 한 시대를 풍미한 정난정의 일대기입니다. 천한 신분으로 태어나 완벽한 신분상승을 이루어낸 욕망의 끝을 보여주는 역사라 할까요? 그러나 어린아이에게 검을 주면 위험하듯이 정난정은 권력을 권력으로만 사용하지 다스림(보살핌)으로 사용하는 그릇이 못되어 조선후기 역사를 분노의 하늘로 멍들게 하는 주인공이 되고 맙니다.

정난정은 천하절색이고 머리도 영특했으나 신분이 천하다는 이유로 기녀가 되기로 작심합니다. 자신의 처지에서 신분상승의 길은 오직 기녀가 되는 길밖에 없다고 여겼던 것입니다. "죽어도 남의 집 소실로는 들어가지 않겠다"고 하는 게 평소 정난정의 주장이었습니다. 그녀의 꿈은 최소한 정경부인의 자리에 오르는 것이었고 할 수만 있다면 그보다 더한 권세를 손에 넣는다는 것이었습니다. 그녀의 당돌한 야심은 당대 문정왕후의 오빠로서 권력을 누리고 있는 윤원형을 만나며 현실로 모습을 갖추기 시작합니다.

드디어 윤원형의 첩이 되었을 때 먼저 첩이 된 많은 여인들이 기거하고 있었습니다. 난정은 교묘한 술수로 첩들을 몰아내는데 성공을 하고 집안의 모든 하인을 매수하여 자기편으로 만들었습니다. 다음은 정실부인 차례였습니다. 하인들을 매수했으니 그리 어려운 일이 아니었습니다. 급기야 하인들을 조정해 안주인 정실부인을 광에 가두고 며칠이 지나도록 밥을 주지 않았습니다. 김 씨가 음식을 달라고 간청하자 난정은 음식에 독약을 넣어 먹게 합니다. 정실부인 김 씨는 그 음식을 먹고 그 자리에서 급사합니다.

이러한 악독한 짓으로 권력의 단맛을 마시기 시작했던 그녀의 권세가 어떠했는지 조선왕조실록 명종 편에 이렇게 기록되어 있다고 합니다. '왕후가 병이 깊어갈 즈음 정난정은 수시로 내전을 드나들며 내인들이 줄지어 있는 사이로 거침없이 곧바로 들어가고, 또 내의에게 호령하려 병에 맞지 않는 약이라도 처방하게 하였으니 이후로 그 기세를 누를 수 없을 정도였다'고 기록되어 있습니다. 문정왕후 한마디면 모든 것이 결정 나는 판세에 왕 명종은 앵무새에 불과하고 문정왕후를 움직이는 정난정의 세도는 하늘 높은 줄 모르고 올라선 시기였습니다.

착취, 세금, 내정간섭, 뇌물 등 재산을 축척했는데 윤원형 정난정의 재물은 나라 사람을 합친 것보다 많다고 소문이 퍼질 정도였다고 합니다. 누구든 일단 윤원형과 정난정의 눈 밖에 나면 죽음을 면치 못했고 조정 대신들도 이 부부 앞에서는 사족을 못 썼다는 기록이 전해집니다.

드디어 문정왕후가 죽고 조정 대신들과 백성들은 윤원형과 정난정을 사사시켜야 한다는 상소를 끝없이 올리게 되어 명종은 거센 여론에 못 이겨 사형시키지는 못하고 귀향을 보냅니다. 악명의 트로이카는 돛을 내리고 황해도 교하 땅으로 유배를 당해 사는데 불안한 세월을 보내게 됩니다. 비록 왕은 그들을 용납했는지 몰라도 민심은 결코 그들을 용납하려 들지 않았기 때문입니다.

정난정은 장차 자신에게 닥칠 일을 예측하고 품속에 항상 독약을 품고 다녔다고 합니다. 어느 날 금후도사가 우연히 군졸들을 이끌고 이 부근을 지나가게 되었는데 정난정은 자신을 잡아 죽이려고 온 줄로 착각하고 "남의 손에 끌려가 비참하게 죽느니 차라리 내 스스로 목숨을 끊겠다"며 그동안 지니고 다니던 독약을 입에 털어 넣고 조용히 숨을 거두었습니다. 위험한 야심가의 독한 말로였습니다.

지나친 탐욕은 비극입니다. 높이 올라가려는 의지는 남을 섬기기 위해 그 자리에 앉을 때 보존되는 것입니다. 섬김이 없는 권좌, 권세, 명예는 그 자체가 독약이요 비극입니다. 성경은 높아지려고 하는 자는 낮아지고, 낮아지고자 하는 자는 높아지리라고 했습니다.

바울이 부활 예수를 만나 높이 오르려 했던 자신의 율법과 지식, 가문, 학문, 출신을 점검해 보는 일이 없었다면 그는 역사에 학자로서만 간단히 기록되고 말았을 것입니다. 그러나 그가 자기 점검을 통해 자기를 버리는 순간(배설물처럼), 가지고 있는 것을 예수의 가치 밑에 두는 순간 그는 사람들에게서 저절로 높아지기 시작했습니다. 영원히 기억될 만큼 높아졌습니다. 역사는 자기를 과감하게 비웠던 용기 있는 사람만 기억할 것입니다. 남 섬기는 종의 도를 보였던 사람을 끝없이 찬사할 것입니다.

고양이 해프닝

옛 부터 개와 고양이는 한 지붕 한 가족이었습니다. 그러면서도 서로는 철저한 방어막을 치고 살면서 늘 경계태세를 늦추지 않고 조심스럽게 대하고 자존심을 건드리지 않는 차원에서의 한 지붕 한 가족이었습니다. 개의 자존심은 개 같은 인상과 섬뜩한 이빨이며 고양이의 자존심은 자정 이후에나 들을 수 있는 섬뜩한 목소리와 쥐를 한 번에 찢을 수 있는 날카로운 발톱입니다.

서로는 팽팽한 긴장관계였기에 실수가 아주 적은 조심스러운 관계였다고 저는 보았습니다. 그런데 이러한 관계가 개의 씨가 커지거나 개량종이 수입되면서부터 이 균형이 깨지기 시작했습니다. 고양이가 감당할 수 없는 덩치, 고양이 자신의 발톱으로는 도저히 대항할 수 없는 인상과 사자 같은 이빨... 이런 개들이 세상에 어슬렁대면서부터 고양이는 집 주위를 빙빙 돌면서 주인이나 개의 밥상에서 떨어지는 부스러기를 먹는 신세가 되었다고 할 까요! 고양이 중에는 감히 밖을 못나오는 안방마님도 있다고 합니다.

또 하나의 문제는 생명을 키우는 주인의 문제입니다. 원래 고양이는 육식동물입니다. 고양이가 한 지붕에서 많은 사랑을 받았던 것은 쥐 때문입니다. 옛 부터 밥을 만드는 부뚜막으로 기어 다니던 쥐, 방 천장에 진치고 있는 쥐, 광에 숨겨놓은 쌀을 훔쳐 가는 쥐, 마루 밑, 마당, 지붕, 사방에 구멍을 뚫어놓고 인간의 삶을 흩트려 놓는 쥐는 고양이 앞에서는 심장이 파열될 만큼 떨었습니다. 뇌파를 자극하는 "야옹"하는 목소리와 재빠른 발톱 앞에 그 어떤 제왕 쥐라도 비명을 질러댔습니다. 고양이가 있는 집은 어수선하지 않고 평화로웠고 쥐도 얼씬거리지 못했습니다.

그런데 어느 때부터인가 배부른 주인이 고양이에게 밥을 자주 먹이기 시작했습니다. 물론 먹일 수도 있었겠지만 자주 먹였다는데 문제가 생기기 시작했습니다. 고양이는 힘들게 돌아다니거나 구석구석 다니면서 쥐새끼를 찾지 않아도 가만히 앉아서 배부르게 되었습니다. 그래서 개와 싸울 때나 쥐를 잡을 때 희귀한 목소리를 사용할 필요가 없어졌고 앞발로 쥐를 움켜잡는 날카로움도 서서히 잃어버리게 된 것입니다.

야생 육식동물은 날카롭습니다. 사람의 손이 자주 닿는 동물들은 부드러운 반면 약합니다. 소, 양, 돼지, 토끼를 생각하면 이해가 되지 않을까 생각합니다. 고양이는 사람의 손이 자주 닿으면서 초식동물화 되어 본래의 능력을 상실한 무기력한 고양이가 된 것입니다. 있는 그대로 애완용이 된 것입니다. 그러니까 이놈이 밖은 나가기 싫어하고 주인이 자는 이불 속으로 자꾸 파고들어 갑니다. 큰 쥐가 집안에 들어오면 큰 눈을 지그시 감고 뒷걸음질 칩니다. 싸울 자신이 없는 것입니다.

전임 목회시절, 교회 밑에 사는 상민이네와 가족처럼 사는 고양이가 동네에 어슬렁거리는 큰 개에 쫓기게 되었습니다. "고양이 살려" 하고 정신없이 도망치다가 길옆에 큰 아카시아 나무 꼭대기로 피신하여 올라갔습니다. 올라가다 보니 너무 많이 올라갔습니다. 겁이 나서 내려오지는 못하고 나흘 동안 야옹! 야옹! 대가만 했습니다. 상민이네 식구들의 걱정은 말이 아니었습니다. 굶어죽으면 어떡하나... 정신없이 올라갔을 때처럼 갈라진 나무 틈을 날카로운 발톱으로 붙잡고 내려오면 될 텐데 보는 가족들의 애간장만 태우고 있었습니다. 저는 속으로 그렇게 말했습니다. "저걸 키워서 뭘 하나. 쥐만도 못한 고양이!" 나흘 만에 중간쯤 내려왔습니다. 배가 고프니 자신도 모르게 내려온 것 같습니다. 상민이와 진탁이가 고양이를 구조하려고 구조 작전을 폈습니다. 아무리해도 잡힐 듯 말 듯 실패입니다. 보다 못한 제가 뛰어갔습니다. 바보 같은 고양이! 내리뛰면 될 텐데... 저는 드디어 장대 같은 긴 막대기를 들고 때려서라도 밑으로 내리뛰게 해야겠다는 생각으로 두 손을 번쩍 들어 긴 막대기를 휘둘렀습니다. 고양이를 헛치는 순간 경계망에 걸려 날카로운 실가시가 달려있는 풀숲으로 넘어졌습니다. 굉장히 아픈데도 아픈 표현도 못하고 순간적으로 벌떡 일어난 것은 상민이 어머니 최 집사님이 지켜보고 있었기 때문이었습니다.

목사님! 고양이 생명까지 신경쓰세요? 라는 이야기도 들었지만 상민이 어머니는 제가 넘어지는 순간 웃음이 나오는 것을 간신히 참았다고 합니다. 성경 말씀대로 참는 것이 복이 있었습니다. 만약 제가 아프다고 얼굴을 구겼다면 상민이 어머니 마음이 불편했을 것이고, 상민이 어머니가 웃음을 못 참았다면 저는 '웃기는 아줌마'라고 생각했을 것입니다. 고마운 것은 고양이는 무사히 내려왔으며 상민이 가정에 이산가족 만남의 기쁨이 찾아왔다는 것입니다. 요즘은 짐승이나 사람이나 교육을 잘 시켜야 환경을 뛰어넘어 제구실을 할 수 있을 것이라는 생각을 해 보았습니다.

포기하기엔 늦은 사람들

자녀를 잘 키운다는 것은 인내심의 눈으로 포용하는 눈빛으로 바라보는 것 자체가 아닐까 생각합니다. 그런데 일반적으로 많은 부모들은 오래 참지를 못합니다. 조그만 행동, 조그만 실수에도 잘못 자라나는 것 같은 불안감과 초조함이 끝없이 교차됩니다. 그리고는 아무 생각 없이 폭발해 버립니다. 아이 입장에서는 뭐가 뭔지 모르고 당하는 것입니다. 아이 속에는 억울한 상처로 아주 오래도록 시름을 겪을 것입니다.

자녀를 키워도 분명한 목표가 있어야 할 것 같습니다. 그리고 거기에 따르는 인내심과 기다림이 그를 강렬하게 붙들고 있어야 합니다. 실망하지 않고, 좌절하지 않고, 끝까지 바라봐 주고 믿어주는 것이 아이에게는 어머니 가슴 같은 든든함일 것이라 생각해보았습니다.

막내딸 보미가 다섯 살 때 전국 미술 경시대회에서 최우수상을 탔습니다. 아빠의 가슴에 상을 안겨다주는 딸이 두 눈에 집어넣고 싶을 만큼 예뻤지만 딸의 천진한 얼굴을 보는 순간 "미안하다"라고 고백하고 싶었습니다. 왜냐하면 허구헌 날 응접실 온 바닥을 물감으로 크레파스로 물들어 놓았고, 되지도 않은 이상한 그림을 수많은 종이를 낭비해가며 늘어놓았기 때문입니다. 깨끗하게 놀 수 없느냐고 벌주고 야단만 쳤기 때문에 오래 참아주지 못한 아빠로서의 부끄러움이 생각났기 때문입니다.

물론 맏딸 선미도 금상을 탔습니다. 아빠 엄마가 하루 종일 목회하고 심방하는 동안 보미를 잘 보살펴 달라는 무거운 짐만을 지워서 학원에 보냈는데… 그림을 잘 배워야 한다는 목적보다 언니니까 동생만 잘 보면 된다는 의무감을 지워 보냈는데, 선미는 아빠에게 웃음보다 행복한 믿음을 심어 주었습니다.

한없이 미안한 생각이 들었습니다. 아내까지 세 딸을 데리고 그 미안함에 위로를 받아 보려고 근처 닭갈비집으로 갔습니다. 정신없이 맛있게 먹는 딸들에게 하고 싶은 말이 있었습니다. 좀 엉뚱한 말입니다. "배부른 돼지가 되기보다는 배고픈 소크라테스가 되라." "온 방을 쓰레기더미처럼 말들어놔도 괜찮다. 그것이 너희들을 성숙시켜 주는 일이라면 포기하지 말고 중단하지 말고 하라." 그날은 제가 갑자기 교육철학가가 되었습니다.

개구리 두 마리가 점프를 하다가 그만 우유 통에 빠지고 말았습니다. 그런데 두 개구리의 반응이 전혀 달랐습니다. 한 놈은 벽도 미끄럽고 우유 통도 깊으니 모든 것이 끝났다고 체념하다가 얼마 못 가서 익사하여 죽고 말았습니다. 다른 한 놈은 "여기서 죽을 수 없다"고 마음을 모질게 먹고 밤새도록 멈추지 않고 우유 속에서 다리를 저었습니다. 그러다 보니 우유가 굳어지기 시작해서 버터가 되었습니다. 개구리는 단단히 굳은 버터를 디디고 기어 나와서 목숨을 건질 수 있었습니다. 여기서 나온 서양 속담이 있습니다. "포기하지 않는 개구리는 버터를 만든다."

우리는 절망의 늪, 좌절의 늪에 설 때가 많습니다. 그러나 성경에 어느 구절을 살펴보아도 '실망해도 된다'는 말은 한 구절도 나오지 않습니다. 대신에 하나님이 우편에 계시다고 말합니다. 두려워하지도 말고 놀라지 말라고 선포하기도 합니다.

우리는 사방으로 우겨쌈을 당해도 쌓이지 아니하며, 답답한 일을 당하여도 낙심하지 아니하며, 핍박을 받아도 버린바 되지 아니하며, 거꾸러뜨림을 당해도 망하지 아니하는(고후 4:8-9) 이 역사와 이 땅을 어지럽히는, 역사의 흐름을 뒤흔들어 놓는, 영으로 충만한 살아 있는 사람들입니다. 포기하기엔 이미 늦은 사람들입니다.

거울 앞에 설 나이

살아가는 것이 무게로 느껴질 때, 뒤로 물러가 생각하고 싶어질 때, 마음을 쏟아 버리고 마음의 웅덩이를 크게 하고 싶어질 때, 밀려오는 요청들을 채우다 지쳐 충전하고 싶어질 때, 제 경우에 있어서 이 땅을 떠나 보거나 여행을 하곤 했습니다. 물론 많은 것을 충전하고 배움의 기회까지 효과를 봐야 하기 때문에 장소 선정이 쉽지 않았습니다.

불혹(40)을 서너 달 앞둔 저에게는 생각이 많아 정리하지 안 될, 그 무엇이 누르고 있었기 때문에, 수정하지 않으면 안 될 저의 자화상이 있었기 때문에 더더욱 애를 먹었습니다. 문득, "그래, 민족의 정기, 민족의 샘물, 백두산! 이 땅에 가장 높은 곳에 서서 인간을 내려다보고 목회를 내려다보고 교회를 내려다보는 것이다." 라는 생각이 스쳐 갔습니다. 거기에서(백두산 천지) 잠시라도 두 손 들고 한국의 모세 같은 기도의 영성을 가슴에 담아 오리라.

흔히 말하기를 40대를 사회적으로나 육체적으로나 인생의 정점이었다고, 한편으로는 스트레스가 많은 시기라고 합니다.

「남자가 40대에 해 두어야 할 일」로 유명한 스스키겐지의 표현에 의하면, 40대는 "자기 인생이 끝날 때에 충실감을 가지고 회고의 미소를 지을 수 있는 가, 반대로 불만스럽고 후회스럽게 눈물을 흘리는가"의 첫 번째 기본이 되는 세대인 것입니다.

일과 지위, 인간관계, 목표와 정신력, 하나님 앞에서 사명감, 건강, 그리고 가정과 자녀교육이라는 과제를 안고 살아가지만, 취미와 교양, 사명과 자기 쇄신에 관대한 자기패턴은 개성만큼이나 분명한 차이를 보이기 시작함으로 40대의 있어서 목회적 성공, 사회적 성취도 중요하지만, 어느 순간마다 자신의 행동에 대한 진솔한 문답의 시간이 필요함을 깨닫게 됩니다.

그렇다면, 40대 이 시기에 나는 무엇을 준비하고, 어떤 목표로 목양을 하고, 어떤 방식으로 살아야 할 것인가? 이대로 계속가야 하는가? 이 같은 문제의식을 품고 교회 문을 나서야 했습니다.

그야말로 백두산 등정은 저에게 있어서 새로운 전환점을 준비하는 기회이고 부수적으로 연변 조선족의 삶과 역정을 살피면서 조국의 그리움에 젖은 그들의 눈빛을 이 작은 가슴에 담아오는 것이었습니다. 그래서인지 설교 한편을 들고 강단에 서기 전, 의자에 앉아서 기도할 때처럼 가슴이 두근거리고 긴장되고 야릇한 감정이 저를 휘감고 있었습니다.

백두산 등정 그 자체가 설교 한 편에 나를 비쳐보는 거울과 같은 것이었습니다. 백두산 천지가 저의 전 목회를 비쳐보는 은혜의 바다, 하나님의 가슴처럼 느껴지기를 희망하면서 백두산 등정의 길은 시작되었습니다.

며칠 동안, 북경(베이징)의 거대한 역사의 파노라마, 희극과 비극, 그리고 인물들의 큰 지혜와 감동, 그리고 가히 견줄만한 나라가 없을 만큼, 깊고 확실한 역사적 흔적을 저의 작은 몸에 채우고 연길(옌리, 길림성 연변 자치주)로 향하는 비행기에 몸을 실었습니다. 비행기에서 내려다 본 중국은 동북(둥베이)지방은 끝없이 펼쳐진 초지와 산간 사이로 실 같은 도로와 하천이 보일 뿐입니다. 이곳이 그 옛날 고구려인의 웅지와 발해인의 역사가 펼쳐졌던 요동 땅이었던가! 라·일 전쟁과 만주사변 등 외세와 망국인의 설움이 점철되었던 격동의 현장이었던 말인가 ! 하지만 역사는 모두 '하나님 드라마'라는 점을 잊어서는 안 될 것입니다.

잠시 이 둥베이(東北) 평원에 대한 전 이해를 가져야 할 것 같습니다. 중국 둥베이(東北)지방의 남북의 길이 약1,000㎞ 도시의 너비가 넓은 곳에서 약 400㎞에 달하는 중국 최대의 평야입니다. 일반적으로는 대싱안강, 소싱안강, 및 장백산맥에 에워싸인 넌장강, 쑹화강, 및 랴오혀강 등의 유역 평야를 말합니다. 대부분이 해발고도 200m 미만이나 중간부인 장춘부근에 해발고도 250m 정도의 구릉지가 가로놓여 북부의 쑹화강, 넌장강 유역의 쑹넌 평원과 남북의 랴오혀강 유역의 랴오혀 평원으로 나뉘는 데, 합쳐서 쑹랴오 평원이라고 합니다. 쑹화강 유역의 연변조선족 자취기구도 평원에 속합니다.

평원북부를 중심으로 대부분 지역에 흑토가 덮이고 남부에 갈색토가 풍부하며, 중국 유수의 농업지대로 인해 수수, 콩, 조, 밀, 사탕무, 아마 등 밭농사 중심의 농산물 생산이 많습니다. 한편 둥베이 평원은

남부의 선양을 중심으로 한 대공업지대를 끼고 있고, 중국에서 철조
망이 가장 발달하여 선양, 창춘, 하얼빈 대도시가 모여 있습니다.

무거운 공부하니 머리가 아프시죠.

이제 좀 더 더 쉬운 말로 백두산 등정을 계속해 보겠습니다.

대면할 준비

길림성 연길로 가는 비행기 창 곁으로 다가오는 구름들을 덮으니, 솜이불처럼 따뜻해 오는 마음을 느낄 수 있습니다. 백두산으로 가는 길에 한민족의 가슴을 덮는다고 생각하니, 여기에 비길 이불이 있겠는가! 라는 따뜻함을 느껴봅니다.

구름사이로 둥글게 솟아 있는 봉우리들, 백두산이 아닐까 생각하다가 연길공항에 착륙함을 느낄 수 있었습니다. 군사용 공항이라 활주로가 짧은 데, 연길공항은 한국의 어느 도시에 온 느낌을 들었습니다.

화장실 변기부터 한국산이고 광장의 광고판도 대우나 아시아나 광고로 채워져 있었으며, 건물과 거리의 안내판은 모두 한국어, 중국어 순으로 적혀 있습니다. 한국어가 위에 있고 중국어가 밑에 있다는 말입니다. 어린 시절 시골장터와 같은 분위기라는 표현이 적절할 것 같습니다. 공항 앞에 놓인 철도로는 60년대 풍 열차가 지나갑니다. 연길 시내로 들어가는 길에는 한국의 60, 70년대와 현대가 공존하고 있다는 느낌을 강렬하게 받습니다. 초가집도 보이고 굴뚝도 보이고 왠지 깊이 빨려 들어가는 뜻 모를 순수가 이 종의 마음을 끌고 가기 시작했습니다.

연길 공항에서 시내로 들어가 숙소로 향하는 전용버스에서 현지 가이드(중국어로 표소화, 제가 이틀 동안 "표사와"라고 놀려댄 32살 노처녀)가 동승했습니다. 조선족 3세인데, 얼마나 말을 빨리하는지 중국말인지 한국말인지 좀처럼 구별하기 어렵습니다. 그리고 주어를 쓸 때, 꼭 '이'나 '가'를 집어넣습니다. 예를 들면 살아가는 것이가, 백두산이가, 우리 연변 사람들은 이가...등 막 국어를 입문하는 어린아이 같은 말투지만 언어에 담긴 연변의 역사와 한과 눈물이 제 가슴에 심겨집니다. 러·일 전쟁, 만주사변을 겪고 일제침략이 더 노골화되어 생존을 위해 귀향길에 올랐던 이곳 사람들의 응어리를 마시는 것 같은 전율이 감돌았습니다.

현지 가이드의 안내에 의하면, 연길이 속한 연변은 길림성 조선족 자치주로서 총인구 200만중 80만이 조선족·으로 되어 있다고 합니다. 연길은 조선족 자치주의 의 주요도시에 해당되는 인구 35만의 도시로서, 조선족 문화적 중심이기에 주민의 절반이 한국인이라고 하였습니다. (중국의 행정구역은 자치주 ―직할시와 동격― 시·군·읍·면·리로 나뉘며 읍·면·리는 진·향·촌으로 불린다.)

헐렁하게 생긴 골프연습장 앞과 시장터를 지나다 약방, 의학소, 이발소 등 옛날 이름의 상호가 닥지닥지 붙은 가계들이 보이고, 삼륜차나 합승버스(70년대의 마을버스), 프라이드 팝 크기만 한 택시들, 경운기, 체인이 잘 넘어가는 자전거들이 신기하게 보였습니다. 30리길을 자전거로 통학하던 저의 어린 시절이 되살아났습니다.

그래도 가이드는 인구당 택시비율이 상해 다음으로 많으며, 주로 한국에서 돈 벌어온 부자들 소유임을 자랑합니다. 영락없이 이 종이 초등학교, 중학교, 고등학교 시절 6, 70년대의 우리나라 도시형태, 문화형태 모습이었습니다. 건너편 연변인민방송국이 보이는 데, 70%가 한국어 방송을 하고 한국드라마를 편성하고 뉴스는 한국 KBS 뉴스를 수신해서 본다고 합니다. 여기서도 드라마는 '왕건', '여인천하'가 인기라고 합니다. 한국드라마가 연변 조선족의 민족성 동화에 크게 기여했다고 합니다. 그리고 현대판 드라마로 한국인의 삶과 문화를 이해한다고 합니다.

좀 넋을 잃다가 이 곳 4성급 호텔인 여산화원에 도착을 했습니다. 한방에다 동행 두 사람씩 투숙을 했는데, 저는 사색을 위하여 홀로 왔기에 혼자 투숙을 했습니다. 그러나 홀로 밤을 보내는 것, 홀로 지새우는 밤, 한편의 삶의 시를 위하여 밤을 지새우고 새벽을 맞이하는 맛 또한 그럴듯한 향기였습니다.

게다가 함께 동행하신 분들을 6일 동안 섬기기 위한 총무를 맡아서 물심부름, 간식, 과일, 선택코스 결정, 가이드로비 등 하루 여정을 마치고 밤이면 하루 내용을 정리하면서 큰 보람을 느꼈습니다. 섬기는 자의 행복이라 할까요, 행복과 기대가 어우러진 밤이라고 할까요.

그런데 여산화원에서 백두산 출발하기 전날 밤은 좀처럼 잠이 오지 않습니다. 내일이면 백두의 얼굴을 대면해야 하기 때문입니다. 경건해지지 않으면 안 될 것 같은 생각, 마음이 깊어지지 않으면 안 될 것 같은 생각, 80년대에 백두에서 한라까지 민주화의 물결을 부르짖던 생각 등…. 좀처럼 잠을 받아들일 수 없었습니다. 오전 6시 눈을 비비고 오전 7시 좀 쌀쌀한 공기를 마시며 백두산 행 비포장도로에 차바퀴가 튀듯이 튀는 마음을 차에 태우고 버스는 서서히 백두의 길목으로 들어서기 시작한 것입니다.

천지의 얼굴

백두의 길목에로 보이는 자전거 행렬, 자전거는 도시, 농촌 모두를 점령하고 있습니다. 마치 천하통일을 이루었듯이 자전거는 어디에나 활개를 치고 질주하고 있습니다. 중국은 가히 자전거의 천국입니다.

거슬러 올라가서, 80년대에는 자전거가 귀해 가정의 중요한 기물 (재산 목록)로 취급되었으나 지금은 한국에서 자가용 소유만큼이나 보편화되어 옛날 같은 재산적 메리트를 갖지 못하고 있다고 하였습니다. 새로 지은 아파트도 곳곳에 들어서고 있었습니다. 연길 사람들이 갖고 싶어 하는 주택은 소위 온돌식 아파트로서, 요즈음은 작은 평수라도 온돌식 아파트를 장만할 수 있는 총각이 최고 신랑감이라고 합니다.

연길 교외를 벗어나면서 노동자들이 노동하는 모습이 보이는데, 특별한 장비 없이 부실 된 아스팔트를 해머, 곡괭이로 깨고 있습니다. 육체의 힘과 경험에만 의지하는 일입니다. 작은 조선고추만한 조선족 노동자들의 몸에 땀이 흐르는 것이 보입니다. 연변 사람들보다 생활수준이 낮은 남부지방 출신들이라고 합니다.

굽어진 도로를 오래 달렸는데도 하늘은 깨끗하고, 구름을 완전히 밀어낸 물감으로 칠해놓은 파란색 하늘같았습니다. 날씨가 좋다고 환호가 터집니다. 날씨는 곧 천지를 볼 수 있느냐 없느냐를 결정해주는 신호탄이기 때문입니다. 백두산 주변에 변덕스런 날씨 때문에 마음을 비우지 않으면 천지를 보지 못하는 경우가 많다고 하니, 다들 욕심을 애써 비우기 위해 얼굴에 웃음을 성형해 넣으려고 연기하는 모습이 우습기만 합니다.

저는 욕심이라기보다는 백두산 천지를 '보고 싶은 소망' 이라고 제 마음속에 자리 잡고 있다고 재해석 해 놓고 "나는 욕심이 아니라 소망이다"라고 뇌리 속으로 몇 번이고 되뇌었습니다. 그러다가 점심을 하기 위해 구멍가게 같은 휴게소에 들러 새마을 천으로, 또는 보온 덮개로 둘러놓은 화장실에 들렀습니다. 인간 속을 지배하고 있는 것들이 화장실 바닥에서부터 사방으로 냄새를 풍겨 구역질나서 일을 볼 수 없도록 괴롭혀 왔습니다. 옆에 여자 화장실에서는 비명을 지릅니다. 어떤 사람들은 아예 화장실에 들어가지 않고, 옥수수 밭이나 논둑에다 용무를 봅니다. 60, 70년대 화장실 문화가 변변치 않을 때, 콩밭과 콩잎을 많이 이용했던 지난날이 떠올라 세월의 거리가 가깝다는 생각을 잠시 했습니다. 문명과 비문명이 동시에 교차하는 지역이라 할까! 북한식 점심을 먹고 도로로 나오니 리어카를 자전거 앞에 달고 사람을 태우고 자전거를 발로 저어 리어카를 밀고 가는 모습이 보입니다. 부인을 아끼고 사랑하는 듯 뚱뚱한 부인을 리어카에 태우고 열심히 발 저어가는 남편의 모습을 보니 가슴이 뭉클합니다. 다른 분들은 모두 부부동반해서 왔는데, 나만 혼자라 그런지 그 모습이

그렇게도 아름답게 보였습니다. 다른 사람들은 자기 남편, 아내 바라
보느라 그런 것 보아도 느낌이 크지 않으리라 생각했습니다.

드디어 백두산 입구에 도착했습니다. 장백산이라고 적힌 관문을
지나 25㎞를 더 들어가니 천지 행 지프들이 대기 중입니다. 4륜 구동
차인데 중국식 고급 지프입니다. 한 대에 6명씩 타고 천지에 왕복하
는데, 팁10불만 주면 됩니다. 난간도 없는 구불구불한 길을 전 속력으
로 20분 달려서 허파에 스릴과 서스펜스로 채운 뒤 천문봉 바로 아래
의 개활지에 우리를 놓았습니다. 오후 3시경이 된 듯 합니다. 그 개활
지에서 급경사로 100m만 걸어서 올라가면 천지를 보는 것입니다.
구름이 천문봉 덮지 않고, 수천리 물러가 있었고 저는 가슴이 뛰기
시작했습니다. 무대 위에 막이 열리기전 긴장감과 고요함, 그리고
그 흥분과 전율이 벌써 옴 몸을 휘감아 돌았습니다.

지팡이를 미리 준비해서 모세처럼 지팡이 의지해 올라가는 사람들
이 앞 뒤 행렬에 늘어서 있습니다. 저는 지팡이가 필요 없었습니다.
천문봉(2,670m) 기운을 타고 올라간다 생각하니 단숨에 뛰어 올라갔
습니다. 숨은 헐떡거리면서 정상에 서는 순간 파란 숲이 내 얼굴로
달려들어 왔습니다. 천지의 얼굴이었습니다.

"천지다! 천지가 보인다" 외치자 따라 올라오던 사람들의 발이 더
급해지고 호흡이 더 급해집니다. 잠시 저는 옴 몸을 천지에 빼앗겨
천지 안에 누워 있듯이 그 평안과 위대함이 내 안에 가득 채워지고
있음을 느낄 수 있었습니다.

하나님 ! 감사합니다. " 이렇게 살고 이렇게 목회하게 하소서!"

크신 하나님의 신비

은총입니다! 포기하지 않는 것이 은총입니다. 뜻이 있으면 길이 열린다는 말은 사람의 힘으로, 지혜로, 안 되는 마음을 포기하지 않으면 하늘이 일하신다는 것입니다. 포기하지 않는 열정과 기대 앞에 펼쳐진 선물 천지 ! 하나님이 열어 주신 은총이요, 저를 바라보는 하나님의 얼굴이요, 있는 그대로 저를 끌어안으시고 수용하시는 하나님의 마음과도 같습니다.

갑자기 천지의 바람과 함께 신비한 경건이 저를 무릎 끓게 합니다. "주님 ! 낮은데 처해 있으나 높은데 마음을 두게 하시고, 세속의 물을 마시며 살아가자면 높은 곳의 기운으로 늘 이 영혼을 채워 주소서", "천지처럼 신비한 목회, 그 안에 무궁무진한 보화가 들어 있는 것 같은 목회, 천지에 숨겨진 능력과 비밀이 예측불허 하듯이 예측 불허한 능력과 신비가 사람의 영혼을 매혹시키는 목회 하게 하소서 ! 천지 물이 흘러 넘쳐 폭포를 이루듯이 주의 사랑이 이 심령의 천지에서 흘러 넘쳐 이 땅을 시원케 하고 영혼의 갈 길에 쉼터와 따뜻함을 베푸는 목자 되게 하소서! 더불어 목양의 길을 걷다가 백두산 제일 높은 장군봉의 위엄처럼 불의를 호령하고 불의의 속임수에 빠지는 영혼들을 하늘 영권과 위엄으로 건져내는 목자 되게 하소서!"

짧은 순간 누에 실이 풀리듯이 나오는 소원기도에 저를 모두 맡겨 버렸습니다. 순간, 한쪽에서 "우리의 소원은 통일"을 부르니 한 사람, 두 사람 통일의 합창을 만들었습니다. "우리의 소원은 통일, 꿈에도 소원은 통일, 이 나라 살리는 통일, 통일이여 오라…." 얼굴로, 눈동자로, 입으로, 노래로, 온 몸으로 기도를 마친 다음 사진 촬영을 하려고 카메라 뚜껑을 열었습니다. 그런데 둘레 13㎞되는 이 신비, 절경, 경이로움, 화산석의 여러 모양들과 생명들은 작은 몇 인치 카메라에 담아보려고 하는 저의 어리석음이 먼저 떠올랐습니다.

잠시 속세에 사는 인간들의 어리석음이 떠오릅니다. 우리의 두 눈, 작은 렌즈 50m앞에 사물도 정확히 볼 수 없는 우리 몸의 렌즈(두 눈)로 하나님이 보이지 않는다고 불평하고, 보이지 않기 때문에 실재하는 분이 아니라고 규정짓는 어리석은 인간들이 떠오릅니다. 이 작은 렌즈(눈)로 우주보다 크신 하나님을 어떻게 볼 수 있으며, 어떻게 찍어낼 수 있단 말인가……

우리 눈의 렌즈로서는 담을 수 없는, 감당할 수 없는 크신 하나님의 신비 앞에 인간은 무릎을 끊어야 한다고 생각합니다.

천지를 배경으로 사진을 수 십방 찍었는데, 이작은 카메라와 필름이 그 장관을 표현해 낼 수 있을지 궁금하기만 했습니다. 차라리 이 기계로 담기보다 마음에 담는 것이 더 오래가는 사진이 될 것 같은 생각이 들었습니다.

아! 백두산, 민족의 성산! 영산! 높이 2,749m, 세계에서 가장 높은 칼텔라 호수가 있는 화산체, 일찍이 이곳을 찾았던 등소평이 이렇게 반했다고 합니다. "장백산(백두산)을 오르지 않으면 평생 후회한다!" 천지를 내려가기 전 백두산의 신비를 조금 열어보고 천지와 작별인사를 해야 할 것 같습니다.

드넓은 만주벌판에 우뚝 솟은 한반도의 시작을 알리는 백두산은 우리나라 산맥의 출발점입니다. 산이 세 겹으로 첩첩이 둘러싸인 백두산은 백두봉이 2,744m로 우리나라에서 가장 높은 봉우리입니다. 천지의 물은 달문을 통해 내려가 서쪽으로 흘러 압록강이 되고, 동쪽으로 흘러 두만강이 됩니다. 이러한 이유로 백두산은 민족의 영산으로 여겨지고 있습니다. 백두산이라는 이름은 '흰 머리 산'이라는 뜻인데, 높은 봉우리들이 사시사철 눈으로 덮혀 있고, 화산 폭발로 생긴 하얀 부식토가 덮여 있어서 붙여진 이름이라고 합니다.

바다처럼 넓은 천지 속에 신비한 생명체들이 살았다는 전설, 괴물을 보았다는 사람 등 구전이 전해지지만 실제로 천지 속에는 식물성 플랑크톤 다섯 종류와 작은 동물 및 곤충이 네 종류, 그리고 이끼와 같은 동물 및 곤충이 네 종류, 그리고 이끼와 같은 생물들이 살고 있다고 합니다. 다른 물고기도 살 수 없는 냉한 온도입니다. 요즘은 북한에서 천지의 생태계를 연구하기 위해 물고기를 많이 넣어 두었다고 하는데, 살아 있는지는 모르겠습니다. 무엇이 살고 있느냐 안 사느냐는 협소한 논쟁을 벌일 필요는 없습니다. 다만 우리 민족이 천지 속에 살아 있다는 것입니다. 이제 백두산의 또 하나의 명물인 장백폭포의 물소리가 들려오는 듯합니다.

인류를 가슴에 품은 여인

이슬람 문화권, 아프가니스탄에 대한 평화의 불세례가 쏟아지고 있는 지금, 전쟁 이전에 이 종이 평화의 대명사 미국 동부를 들렀을 때 가슴에서 울려 나왔던 글들을 메모해 두었던 노트를 꺼내어 기억을 더듬었습니다.

에덴의 풍요로움과 자유를 누리는 것 같은 분위기의 전원 도시 워싱턴 땅이 넓어서 특별한 구역이나 경계를 요구하지 않는 이 땅에서는 서로 붙어서 네 땅이니 내 땅이니 할 필요가 없을 것 같습니다. 더 높이 지으려는 신경전을 필 필요가 없는 여유 있는 땅입니다.

200년, 역사의 흐름을 좌우했던 국회의사당에 호기심으로 배고픈 저의 몸을 디밀었습니다. 워싱턴의 분위기를 이끌어 가는 예술적 건물, 전원나무들의 자태와는 달리 하원, 상원 의원석은 지극히 초라했습니다. 마치 고등학교 수험생의 책상을 연상할 만큼 거품이 빠진 실제적인 그것이었습니다.

우리나라 의원들은 안락 회전의자에 앉자 회전의자를 돌리면서 싸울 일이나 뇌물 받을 일을 계획할지 모릅니다. 조금만 비위에 거슬리면 언제 손이 올라갈지 모르는 상황에서 이 나라의 정치는 맴돌고 있는 것입니다.

52개주를 대표하는 상원의원들이 업무에 밀려 개인 시간의 여유를 찾지 못할 만큼 거의 매일 연구하며 고민한다고 합니다. 지난밤에도 클린턴과 르윈스키 문제를 놓고 씨름하던 흔적들이 이리저리 책상 바닥에 놓여진 유인물을 통하여 알 수 있었습니다.

백악관 정면에 있는 라피엣 공원에는 24시간 연중무휴 반핵운동을 하는 여성이 있습니다. 인류를 분열시키는 핵을 반대하는 입간판 두 개를 들고 무더운 여름이나 엄동설한에도 백악관을 바라보면서 이 운동을 전개한지 18년이나 되었다고 합니다. 현 54세의 '콘셉션 피시노트'라는 여성인데, 스페인에서 36년 전에 미국으로 이주하여 뉴욕 복지사업단 국제연맹 스페인 영사관을 거쳐 79년부터 워싱턴에서 정치활동을 시작했습니다.

그리고 미국의 군비증강과 인류를 파멸시키는 핵 확산의 문제를 끌어안고 연방위원들과 씨름하다가 혼자서는 한계점이 있음을 깨닫고 모든 지위와 영광을 포기할 생각을 합니다. 가재도구 일체를 팔아 입간판을 만들고, 투쟁에 필요한 도구와 장비를 준비합니다. 전원도시 백악관 앞 공원은 18년째 그녀의 집이며 정원이 되었습니다.

정치라고 하는 거짓의 두꺼운 외투를 걸쳐 백악관의 수없이 많은 스캔들, 세계를 향한 거만한 입, 보이지 않는 신 식민지 정책의 온상(경제, 정치, 문화 등...) 손해 안보는 두 개의 얼굴을 가진 백악관을 바라보며 온갖 생각이 교차되고 있습니다.

수많은 언론들이 '시대착오적인 행동'이라고 비난도 하지만 인간의 본성을 바탕으로 한 그녀의 이상론은 지칠 줄 모릅니다. 그녀를 지치지 않도록 만드는 것은 정면 간판에 붙여 놓은 히로시마의 원폭 피해자들의 눈물에 대한 그림 때문일지도 모릅니다. "내가 직접 돌아다니지 않아도 이 앞에서 세계를 상대할 수 있다"고 행복해 하는 그녀의 주름살이 더 외로워 보입니다.

그녀의 뜻이 이렇게 고귀한데, 그녀의 생활은 말이 아닙니다. 식사는 근처의 빵집에서 먹다 남은 음식과 지원자가 가끔 사주는 것으로 해결하고 수입은 전혀 없습니다. 때로는 지하도의 훈훈한 바람이 지상으로 올라와 그 기운으로 사는 거지들에게 교회에서 나눠주는 햄버거를 의지할 때도 있습니다. 파크폴리스이 규제 때문에 텐트는 전혀 사용할 수 없으며 밤에는 입간판을 깔고 잠을 잡니다.

딱딱한 바닥, 인류의 냉랭함이 스며 나오는 딱딱한 바닥에서 그녀는 잠을 잡니다. 그러나 저는 인류의 평화를 깔고 자는 그녀를 말할 수 없이 행복한 여인이라는 생각을 했습니다.

수면도 충분히 취할 수 없고 눈이 내리는 겨울밤에도 외투 한 벌로 18년 동안 버틴 그녀는 병 한번 걸려 본적이 없다고 합니다. 병들 시간이 있을 만큼 한가한 문제가 아니라는 온몸의 시위일 것입니다. "침대의 감촉을 잊은 지 오래 되었어요. 겨울에도 외투 한 벌로 잠들어 24시간 눈이 오나 비가 오나 백악관 불빛을 바라보며 침묵시위 하지요"라고 대답합니다. 그녀를 깊이 파고든 주름살, 그것은 평화가 구겨진 인류의 주름살입니다. 그녀의 주름살을 배경으로 손을 붙들고 사진을 찍는데, 이 종의 가슴에 짓누르는 눈물이 고여 옴을 감지할 수 가 있었습니다.

함께 동행 했던 오정강 목사님(여 목사)이 자신이 아꼈던 이태리제 털모자를 가방에서 꺼내 '콘셉션 피시노트' 여사에게 씌워 드렸습니다. 허허벌판 같은 흰 머리 위에 따뜻한 털모자가 씌여질 때, 인류와 우리가 다 따뜻해지는 느낌을 받았습니다.

그녀가 노벨 평화상 대상자로 올라가 있다는 사실도 중요한 사실이지만, 인류가 화합하고 너와 내가 하나 되는 일이 이루어지지 않는 한, 생명파괴의 핵개발이 멈추지 않는 한, 노벨평화상은 그녀에게 아무 의미도 없을 것입니다.

인류가 따뜻해지는 것, 이것이 인류를 품으신 십자가의 따뜻한 의미입니다.

토기장이의 솜씨

세계 도자기 축제 – 그 하나를 위한 문화적인 준비와 환경적인 준비를 많이 했다고 합니다. 도로를 깎아내고, 논밭을 깎아내고, 도공들의 기술과 마음을 깎아내고, 도시정비를 위한 깎아내림도 있었을 것입니다.

전시하거나 보여준다는 것은 언제나 깎아냄의 아픔 없이는 불가능한 것 같습니다. 깎아낸다는 용어는 제가 좋아하면서도 싫어하는 용어입니다. 하지만 하나의 작품은 그냥 나오는 법이 없습니다. 그래서 때론 깎아냄을 감사로 수용하기도 합니다.

도자기 고장 이천에서 태어났기 때문에 이따금씩 친구 따라 친구 아버님이 예술을 토해내시는 도자기 공장에 들르곤 했었습니다. 진흙을 버무려 하나의 생명을 잉태하듯이 도공은 거기에 온몸을 던집니다. 깎아내기도 하고, 깨뜨리기도 합니다. 또 다시 흙을 보충하여 돌립니다. 하나가 원하는 작품에 못 미치면 깨뜨리고 다시 시작하는 것도 토기장이(도공)의 마음입니다.

이 땅에 태어난 모든 사람은 그 구실을 하기 위하여 훈련 받고, 교육 받듯이 태어난 도자기는 불로 연단하기 위하여, 참 그릇이 되기 위하여, 1,000도 되는 불가마 속으로 들어갑니다. 성경 말씀대로 없어질 금보다 귀한 그릇이 되어, 예술작품이 되어 나옵니다. 모든 도자기는 도공의 손에 의해서 아무리 아름답게 빚어질 지라도 불에 들어가서 견디는 과정 없이는 작품이 될 수도 없고, 예술이 될 수도 없고, 물론 쓰임 받을 수도 업습니다.

잘못 구워진 도자기나 요령으로 구워진 도자기는 토기장이가 깨뜨려 버립니다.

우리 신앙들도 잘 구워져야 쓰임 받습니다.

저는 싫어하는 것들을 통해서 깨어졌습니다. 고통, 가난입니다. 질병, 연약함입니다. 관계에서 오는 갈등입니다. 상처가 생겼고 고통을 받아야 했습니다. 어떻게 보면 제가 싫어하는 것들을 통해서 하나님은 제 생애에 보내셨습니다. 그런데 하나님은 제가 가장 싫어하는 것들을 통해서 저를 축복하셨습니다.

인생의 신비는 깨어짐과 축복이 하나로 만납니다. 고난과 축복이 함께 만납니다. 고통과 환희가 함께 만납니다. 비와 무지개가 함께 만납니다. 사막 가운데 오아시스가 있습니다. 이별과 함께 새로운 만남이 있습니다.

하나님의 손에 붙잡힌 토기는 깨어짐이 없이는 견뎌내지 못합니다. 토기장이 하나님은 깨뜨려서 최상의 토기를 만들기를 원하십니다. 성경에 나타난 토기장이 하나님은 사랑하는 인물을 한없이 깨뜨리시는 분입니다. 깨뜨리시고 빚어내시는 분입니다.

야곱은 오히려 하나님을 만남을 때부터, 은혜 받았을 때부터, 축복기도 받았을 때부터 더 어려워지기 시작했습니다. 야곱은 복수의 칼을 갈고 있는 형을 뒤에 두고 삼촌 라반의 집에서 20년 동안 산전수전을 다 겪고 고향집으로 돌아옵니다. 형의 복수의 칼날 때문에 모든 노력과 성취가 하루아침에 물거품 될지 모르는 상황에서 야곱은 완전히 깨뜨리시는 토기장이 하나님의 솜씨를 보게 됩니다.

하나님이 만들고자 하는 토기는 물질과 부요와 성공에 가득 찬 토기가 아니었습니다. 야심에 가득 찬 토기가 아니었습니다. 그래서 하나님은 얍복강이라는 불가마를 준비하셨습니다. 하나님 자신의 토기로 만들기 위하여 얍복강이라는 그의 인생의 처절한 고통의 현장으로 몰고 가십니다. 그리고 거기서, "하나님이 축복하지 아니하면 안 됩니다"는 고백을 들어내시고야 맙니다.

그를 깨뜨리십니다. 무너뜨리십니다. 그리고 축복하십니다. 야곱에 대한 포기하지 않는 토기장이 하나님의 사랑, 포기하지 않는 하나님의 집념은 불같은 시련 가운데도 우리를 포기하지 않는 토기장이 하나님의 집념과 사랑과도 같습니다.

하나님은 사랑하는 사람을 철저하게, 완벽하게 빚으시는 토기장이 이십니다.

심력(心力)을 길러라

한 동안, 오르지 못할 산을 올라가는 발걸음처럼 한없이 무겁고 힘겨운 행보를 나 홀로 한다고 생각하고 가슴을 감당할 수 없어 두 손으로 가슴을 두들겨 보았습니다.

올라가면 나를 평탄한 곳에 두시고 기름으로 내 머리에 부으시고 상처 난 곳을 즉각 싸매어 주신 줄 알았습니다. 그러나 하나님은 우리를 기가 막힌 웅덩이와 수렁에 두시는 것으로 잠시 훈련하시는 데 그 시간이 그리 길지 않게 느껴지는 것은 그 안에서 놀라운 체험의 샘물이 쉬지 않고 흘러나오기 때문입니다. 오히려 그 안에서 푸른 초장과 하나님을 경험케 하시는 신비가 들어 있습니다.

때론 수렁에서 건져내시는 듯 하다가도, 다시 절벽 위에 세우시기도 하십니다. 아찔한 순간, 절박한 순간, 우리가 알지 못하는 크고 비밀한 일을 보여주시기 위하여 무릎 꿇게 하십니다. 부르짖게 하십니다. 하나님을 향한 아름답지 못한 비명이라도 기꺼이 듣기를 원하십니다.

로버트 슐러 목사님의 고백을 인용합니다. "절벽 가까이로 나를 부르셔서 다가갔습니다. 절벽 끝에 더 가까이 오라고 하셔서 더 다가

갔습니다. 그랬더니 절벽에 겨우 발을 붙이고 서 있는 나를 절벽 아래로 밀어 버리시는 것이었습니다. 그런데, 나는 그때까지 내가 날 수 있다는 사실을 몰랐습니다." 고난을 통해서 내게 주신 선물, 잠재된 능력을 알게 되었다는 것입니다.

한국 최초의 맹인 박사가 된 강영우 박사는 중학교 재학 중 외상에 의한 망막 박리로 실명한 후에 실명의 고통과 사회의 편견과 차별을 신앙과 굳은 의지로 극복하고 세계적인 재활의 귀감이 되었습니다. 1972년 한국 장애인 최초 정규 유학생으로 아내와 함께 도미, 3년 8개월 만에 피츠버그대학에서 교육학 석사, 심리학 석사, 교육 전공 철학 박사 학위를 취득하여 한국 최초의 맹인 박사가 되었습니다.

그의 자서전 「빛은 내 가슴에」는 6개국 말로 번역되어 출판되었고, 미국 의회도서관은 녹음 도서로 제작 보급하였습니다. 세계적인 부흥사 로버트 슐러 박사, 가이드포스트 발행인이었던 노만 빈센트 필 박사 등에 의해 그의 간증이 세계적으로 소개되기도 했습니다.

노만 빈센트 필 박사가 강영우 박사의 빛은 내 가슴에를 읽고 이렇게 말했습니다. "강 박사, 당신의 생애를 알고 신의 존재를 부정한 사람은 아무도 없을 것입니다. 당신은 이 시대가 필요로 하는 그리스도의 위대한 산 증인입니다.."

어느 면에서 보면 지력보다도 심력이 더 중요합니다. 이러한 심력을 기르는 데에는 시련과 역경이 중요한 역할을 할 때가 흔히 있습니다. 이 사건 자체가 심력에 영향을 주는 것이 아니고 그 사건 자체나 사건으로 인한 결과를 부정적으로 보느냐 긍정적으로 보느냐가 중요합니다. 사건은 부정적인 관점에서 저주로 보면 저주가 되는 것이고, 긍정적인 관점에서 기회로 보면 기회가 되는 것입니다. 한자로 '위기'(危機)라는 말은 '위험한 기회'라는 뜻입니다. 영어에도 기회는 'now here'(지금 여기)를 붙여 쓰면 nowhere(어디에도 없는)이 된다는 것입니다. 오늘 똑같은 상황이 어떤 사람에게는 기회가, 어디에도 없는 절망의 상황이 될 수도 있고, 또 어떤 사람에게는 전화위복이 되는 도전의 기회가 될 수도 있습니다.

링컨은 9세가 되던 해, 생모를 잃었습니다. 농가에서 오염된 우유를 마시고 사망했습니다. 그래서 전 남편 소생인 3남매를 데리고 재혼한 계모와 살았습니다. 또한 첫사랑이었던 애인이 백혈병으로 죽어 많은 상처를 받고 실의와 좌절 속에서 몸부림쳐야 했습니다.

하원의원 재선,3선에 낙선하고 연방 상원의원에 도전하여 또 다시 낙선했습니다. 이렇게 계속 실패하는 동안 둘째 아들이 죽고 부인은 신경증으로 고생하게 되었습니다. 그러나 링컨은 변호사 법률 사무소를 하면서 실패와 패배를 자신의 심력을 기르는 기회로 삼아 1860년 대통령 선거에 도전하여 승리하였습니다. 실패의 늪에서, 절벽 같은 위기 상황에서 심력을 기르면 쓰임받습니다.

최선의 얼굴들

예배 시간마다 앞자리 기피증을 해결해 주는 얼굴들이 있습니다. 과감하게 졸고, 눈치 안보고, 자신 있게 기침하며, 분위기나 시간에 (예배시간일지라도) 의식하지 않고 당당하게 대화하는 분들이 있습니다. 포장하지 않은 솔직함 그대로의 얼굴입니다. 그도 그럴 것이 한평생 살아오면서 위선과 가식에 진절머리가 나도록 질린 사연들을 주름살 깊이 가지고 있어서 입니다.

이 분들은 앞자리에서 늘 설교와 목회에 맞장구 쳐 주시는 할머니 권사님, 집사님들입니다. 예배 끝나고 나가시면서 젊은 목사 손이라도 한 번 만져보고 나가시고 싶으셔서 앞자리부터 문 앞까지 손을 비비고 나오십니다. 그리고 맞선보는 처녀 고개 들듯이 수줍어 손을 꺼내어 이 종의 손을 꽉 붙잡습니다. 어떤 때는 너무 꽉 잡으셔서 빨리 손을 놓고 다음 분 인사하려해도 손을 놓아주지 않으십니다. 놓지 못하는 그 손 안에는 이 종을 향한 소원과 메시지, 그리고 눈물 같은 사랑이 들어 있습니다. "목사님! 이 늙은이, 하나님 나라 갈 때가지 가면 안돼요. 꼭 참고 제발! 제발! 오래 오래 계셔 주세요." – 짧은 순간 가슴이 뭉클하여 이 작은 가슴에 눈물이 고일 때가 많습니다.

돌아서 눈 감으면 이것은 목회의 진한 감동입니다.

지금까지 매 주일, 매 시간 손을 잡았어도 한 손으로는 못 잡으십니다. 너무 겸손 하셔서 두 손으로 주님을 받들 듯이 이 종을 대하시는 모습입니다. 고개 뻣뻣이 들고 인생의 경륜을 뽐내고 자랑하듯이 하는 인사도 못 받아 봤습니다. 한없이 고개 숙이고 얼굴을 들면서 수십 년 주름살을 다 펴서 최선의 얼굴로 이 못난 종을 바라봐 주시고 가시는 뒷모습이 오래 오래 남을 때가 많습니다.

며칠 전에는 박복실 권사님이 이 종의 손을 잡고 그 눈에 가득 쌓여 있는 붉은 눈물 보여 주시면서 "목사님! 힘내시라요! 고져 걱정하지 마시라요!" 하셨을 때, 말보다도 진하고 감사의 표현보다도 진실한 목자의 가슴으로 꼭 안아 드렸습니다.

지난 11월 27일, 모진 세월 신앙의 밭을 일구시면서 사시다가 주님 곁으로 가신 할머니 4주기 추도식이라 장손인 이 종의 집에서 모셨습니다. 숙부님들, 고모, 사촌 동생들, 사촌 동생들의 아이들……. 집안을 꽉 들어찬 열매들을 보면서 신앙의 밭을 잘 일구셨던 할머니의 모습이 제 앞에 필름처럼 다가와 한 동안 지워지지 않아 마음을 가라앉히기 좀처럼 힘들었습니다. 장손이라고 고구마 하나, 고기 한 점 더 주시던 할머니, 고등학교 3년 내내 새벽기도 하라고 새벽마다 장손(이 종)의 허벅지를 꼬집던 할머니, 맛있는 음식을 해 놓고도 꼭 제가 집으로 들어와야 음식을 나누도록 할 만큼 이 종을 사랑의 보자기로 싸서 가르치셨습니다.

4, 5년 만에 사촌 동생이 돌아가시기 한 달 전에 녹음해 놓은 후손들

을 향한 마지막 축복기도를 듣게 되었습니다. 녹음테이프가 있는 사실조차도 몰랐는데 사촌 동생이 간직하고 있다가 이제야 꺼내 놓은 것입니다. 추도예배 마지막 순서에 들여오는 할머니의 목소리, 마지막 기력을 다해 후손들 한 사람, 한 사람 이름을 불러가며 영혼으로 기도하시는데 온 집안 식구들이 울음바다가 되었습니다. 그리워서 울고, 감사해서 울고, 곁에 계신 것 같아서 울고, 못한 것 새록새록 생각나 울고, 하늘나라에서 자손들을 보고 계시면서 지금도 기도하고 계시다고 생각하니 울고……. 이 울음은 웃음보다 시원한 울음이었습니다.

기도를, 계속 이름 부르면서 진행하시다가 "당신의 젊은 종 한종우 목사!" 하시면서 이 종을 축복하시는데, 다른 어떤 분보다 길게 해주시려고 애써 입을 여시는 할머니의 목소리에 이 종은 가슴 터지게 울었습니다.

기도를 다 마치신 다음 찬송을 부르시면서 마감하셨습니다. 하늘 가실 때까지 찬송가만 부르면 이상한 힘이 나와서 그렇게도 잘 부르셨습니다. '내 평생 소원 이것 뿐' 이 찬송이 울려 나옵니다.

"내 평생 소원 이것 뿐 주의 일 하다가 이 세상 이별하는 날 주 앞에 가리라, 꿈 같이 헛된 세상 일 취할 것 무어냐 이 수고 암만 하여도 헛된 것뿐일세, 불같은 시험 많으나 겁내지 맙시다. 구주의 권능 크시니 이기고 남겠네, 금보다 귀한 믿음은 참 보배 되도다 이 진리 믿는 사람들 다 복을 받겠네, 살같이 빠른 광음을 주 위해 아끼세 온 몸과 맘을 바치고 힘써서 일하세" 함께 따라 부르다가 하나님 나라의 소망으로 묶어졌고 이 땅에 남겨진 사명을 찬송가 가사 속에 넣어서 심오하게 만들었던 잊혀지지 않을 추도예배였음을 감사할 뿐입니다.

깊이 패인 인생의 주름살에서 나오는 목소리, 그 메시지는 마지막 앞에선 할머니의 기도처럼 최선이요, 감동이요, 아름다운 메아리입니다. 나의 최선으로 하나님을 찬양합니다.

겨울 바다

겨울 바다는
이성의 바다입니다.
파도에 물베어 지듯이
물결 거품으로 모래알 밀어내듯이
마음의 물결을
베어내게 합니다.
밀어내게 합니다.

겨울 바다는
어머니의 가슴입니다.
돌을 던져도 반응하지 않는
문제를 던져주면
큰 소리로 울어주는 가슴입니다.
쏵 쏵 혁 혁
하루도 쉬지 않고
눈물로 기도하는 그 가슴입니다.

겨울 바다는
사색의 바다입니다.
신분고하를 가리지 않고
혈색유무를 가리지 않고
그 자리에 세워 두어
존재의 깊이를
적나라하게 들여다 보게 하는
그 신비한 힘으로 다가 오는 바다입니다.
파도의 큰 얼굴 앞에 외소한 나,
그래서 우주보다 크신 분의
손길이 아니면 안 되는 나를 생각하게 합니다.

겨울 바다는
목회의 심장입니다.
이리 맞고 저리 맞고
사방으로 맞아
시퍼렇게 멍드는 목회의 심장입니다.
미운 것
용서할 수 없는 것
이해할 수 없는 것
분노로 갚아주고 싶은 것
날카로운 말로 케이오 시키고 싶은 것……

그 모든 것들을
바다 심장 큰 그릇에 담아 놓고
하루도 쉬지 않고
씻어내는
삼켜버리는
바다 소금 같은 심장입니다.

이것이 사랑이라면
이것이 열매라면
몸이 부서질지라도
인생이 부러질 지라도
기뻐하는 심장입니다.

기다림

눈을 기다리는
눈 같은 사람들이
눈같이 찾아와
눈처럼 환한
웃음을 주고 갔습니다.

눈을 기다린다는 것은
희망을 기다린다는
뜻일 것입니다
길을 찾는 사람들의
별빛 같은 눈빛일 것입니다
소리 한번
마음대로 지를 수 없었던
사람들의 발성일 것입니다.

이 마음 보다

더 큰 소망으로
성탄을 기다리고 사모합니다.
당신은
사람들의 입에 오르내리는
만왕의 왕으로 오시는 것이 아니라
아기 예수로 오시기에
우리에게는 흰 눈 그 자체입니다.
눈처럼 비벼댈 수 있고
가까이 갈 수 있고
뒹굴 수 있는
그 모습 그대로 오시옵소서
만왕의 왕으로 오시지 말고
아기 예수로 오시옵소서

함박눈
아기 예수를
기다리면서
희망의 향기를 퍼서
당신이 오시는 길을 예비합니다.

보라

사랑하는 만큼 그리워하면서
사랑하는 만큼 아파하면서
사랑하는 만큼 용서하면서
사랑하는 만큼 비우고 포기하면서
새해를 열고 싶습니다.

당신의 밤이 어둡고
나의 밤이 어두울 지라도
영혼의 숨소리 들리는 곳마다
연한 풀잎마음 모여 있는 곳마다
주님의 가슴에서 실어온 빛으로
우리 서로 비추고 싶습니다.

베데스다 연못 같은 이곳에
연못의 소리들이 들리는 이곳에
맨발로라도 달려 오고프셨던 발길

하늘 보좌 우편에 계시지만

마음은 온통 여기에 다 빼앗기신 주여!

이제야, 단숨에 달려오신 분의 입에서

그 입에서 토해낸 말씀으로,

없는 것을 있게 한 화가의 그림솜씨로

우리들의 자리에서 주님 보시기에

가장 아름다운 말을 주십니다.

"보라 내가 새 일을 행하리라 이제 나타날 것이라"

보라. 보라 !

봄(Seeing)

우리가 보는 것에 대하여 얼마나 큰 믿음을 가지고 있는가! 보는 것에 대한 정확성을 얼마나 신뢰하고 있는가! 이렇게 인류의 싸움은 눈에 보이는 것에 대한 싸움이라고 말해도 틀린 말은 아닐 것입니다. 어릴 때부터 형제간의 싸움도 네 것이 크니 내 것이 크니 하면서 싸웁니다. 어머니가 먹을 것을 똑같이 나누어주어도 상대방 것이 커 보이니 싸움이 일어납니다. 남의 땅이 커 보이고 좋아 보입니다. 남의 자리가 더 커 보입니다. 그래서 사람은 큰 것, 작은 것, 높은 것, 낮은 것, 귀한 것, 천한 것을 우리의 눈에 보이는 대로 이미 규정해 놓고 살아갑니다.

우리나라에 40군데 정도 된다고 하는 "도깨비 도로"가 있습니다. 왜 도깨비 도로냐 하면 눈으로 볼 때 높아 보이는 길이 실제 자동차로 지나가면 높은 곳이 낮은 길이고 낮아 보이는 길이 실제로 지나가면 높은 길입니다. 눈으로 아무리 봐도 확인이 안 됩니다. 눈을 비벼도 안 되고 이리보고 저리 보아도 안 됩니다. 저도 그렇게 보이는 원인을 캐어 내려고 눈 운동을 해 보았지만 소용없었습니다. 이런 현상을 '착시현상'이라 한답니다. 측량도구로 측량하면 높은 곳은 높은 곳이고 낮은 곳은 낮은 곳입니다. 그런데 사람의 눈에는 그렇게 안보입니다. 높은 길이 낮은 길로 보입니다. 낮은 길이 높은 길로 보입니다.

우리가 보는 것 보이는 것을 정확하다고 믿거나 신뢰하는 일이 얼마나 어리석은 일입니까? 사람은 약합니다. 제한적입니다. 이런 인간이 보는 것은 불완전할 수밖에 없습니다. 때문에 "무엇을 봤다. 내가 본 것이 정확하다. 분명하게 자로 재어 주었다" 하고 주장하거나 논쟁하는 것은 지극히 어리석은 일일뿐입니다.

사람의 시각 위에 계시는 하나님은 우리가 일생을 살아가는 동안 볼 수 있는 것만 볼 수 있도록 만들어 놓으셨습니다. 물론 육신의 눈으로는 하나님을 볼 수 없도록 만드셨습니다. 그래서 "보이는 것은 잠깐이요. 보이지 않는 것은 영원함"이라고 성경은 말씀하고 계십니다. 그러니까 믿음의 사람들은 믿음의 눈을 떠서 보이지 않는 세계를 보는 것이 참된 봄이라고 생각합니다. 보이지 않는 것을 믿는 것이 보이는 것입니다. 보이는 이 세상을 믿는 것은 보이지 않는 것입니다. 이것이 참으로 보고 영원히 보는 하나님의 원칙입니다. 그래서 성도는 하나님이 보라고 하는 곳을 보고 살아가야 볼 수 있는 것입니다. 아브라함과 롯이 요단 들판에 서서 눈을 들어 선택을 합니다. 아브라함이 조카 롯에게 "가고 싶은 곳으로 가라"고 했습니다. 롯은 그의 눈으로 물이 넉넉하고 푸르고, 질 좋은 땅을 보았습니다.

그래서 그곳으로 가겠다고 했습니다. 그러나 인간의 불완전한 문명에 눈독들인 롯의 선택은 죄 때문에 심판 받는 곳이 되었습니다. 사람이 보는 것이 이렇게 불완전합니다.

그런데 아브라함은 '동서남북'을 바라보라는 하나님의 음성을 마음에 가지고 다니기 때문에 어디로 가도 상관없습니다. 사막과 황폐로 보이는 땅으로 가도 괜찮습니다. 하나님의 눈으로 가니까요. 믿음의 눈으로 가니까요. 하나님이 함께 가시니까요. 우리는 하나님의 눈으로 세상을 보고 행진해야 승리할 수 있습니다.

'놀이'의 비결

가족의 만남을 풍성하게 만들고 축제로 만드는 윷놀이를 물끄러미 바라보다가 많은 생각을 했습니다. 설날하면 윷놀이입니다. 가정의 축제입니다. 가정과 가정을 이어주는 다리입니다. 큰 소리로 대화하는 만남입니다. 꾸미거나 포장하지 않는 자기 모습으로 만나는 자리입니다. 힘을 합하여 밀어주고 도와줘야 잘 갈 수 있는 삶의 길과도 같습니다. 용서하지 않고 다른 사람을 잡기만하면 나도 죽는다는 진리도 깨달을 수 있습니다. 마음을 비우지 않으면 '놀이'가 아니라 '경쟁'이 되어 그야말로 개판 될 수 있는 위험도 있습니다.

위기가 닥쳤을 때, 어려울 때는 서로 업고 가면 능히 위험을 극복할 수 있고 때론 역전도 시킬 수 있는 원칙도 가르쳐줍니다. 날마다 위기를 넘어가는 우리의 인생과 비슷합니다. 거의 끝났다고 자만해도 안 됩니다. 내 말이 마지막으로 가고 상대방 말이 아직 4개가 남았다고 지나치게 자신하면 오히려 패할 수 있습니다. 상대의 말판은 상황이 어려우니 힘을 합하여 쫓아 오기도 하고 지혜를 합하여 묘수를 낼 수도 있기 때문입니다. 낙심해도 안 됩니다. 윷놀이는 낙심하면 반드시 지게 되어있습니다. 풀이 죽으면 안 됩니다. 그야말로 기의 싸움입니다. 영적인 용어를 쓰면 부르짖어야 합니다. 상대에서 걸만 치면 네쌍둥이 업은 것이 죽는다고 합시다. 이 상황에서 할 수 있는 일은 합심해서 소리를 지르는 것입니다. 부르짖는 것입니다. 그러면 이상하게 도가 나오거나 개가 나와서 위기를 넘어 갈 때가 있습니다. 우리의 신앙생활, 가정생활, 교회생활도 위기에 닥쳤을 때 합심해서 기도하고 부르짖으면 영적인 윷이나 모가 나와서 넘어가게 될 줄 믿습니다.

그런데 뭐니 뭐니 해도 가장 중요한 원칙은 '마음을 비우는 원리'라고 생각합니다. 3째 숙부 가정에 모여서 설날 전날 밤 12시까지 소리를 질렀습니다. 일곱 가정 부부대항 윷놀이를 했는데 아버님 부부가 일등을 했습니다. 제가 이유를 분석했습니다. 다른 팀은 '욕심'이라든가 '경쟁심'으로 얼굴이 달아오르기 시작했습니다. 그 분위기를 더욱 달구어 놓은 것은 저와 아내가 가정별로 돈을 걷어서 백화점에 가서 상품을 미리 구입해서 응접실에 1등부터 7등까지 진열해 놓았습니다. 상품을 보니 치열해질 수밖에 없습니다. 상품을 진열해 놓으면서 내심 이렇게 생각했습니다. "보이는 것에 마음을 빼앗기거나 눈멀면 패배합니다. 마음을 비우지 않으면 집니다."

1등한 비결이 여기에 있습니다. 아버님 부부 팀은 제일 맏형이니 양보해야 겠다는 마음으로 편안히 던집니다. 이겨도 미안해합니다. 성격도 물론 편안하지만 온유한 모습으로 놀이를 하니 윷도 온유하게 말을 잘 듣습니다. 윷도 알아봅니다. 놀이로 하는지, 힘으로 하는지, 남을 잡아 죽이려고 하는지, 덕을 세우려고 하는지, 큰 것을 위해서 작은 것을 양보하는지, 앞에 있는 작은 것을 잡느라 뒤에 있는 큰 것을 잃고 있지 않은지 윷은 알아봅니다. 그래서 옛부터 윷놀이를 신비한 놀이라고 했습니다.

'놀이'로만 하는 마음가짐이 중요합니다. 그래서 윷을 그냥 '윷'이라고 하지 않고 '윷놀이'라고 부르는 것입니다. 공부를 하든, 사업을 하든, 직장생활을 하든 '놀이'로 해야 행복하고 자기성취를 할 수 있습니다. 경쟁 심리로 하면 자신도 망치고 목적도 그르치고 목표에 도달할 수 없습니다. 인생은 놀이입니다. 보고에 의하면 남을 헐뜯는 사람은 단명한다고 합니다. 다른 사람의 단점을 지나치게 잡으면 내 맘도 상해서 단명하고 맙니다. 더 많은 진리가 있을 텐데 여기서 축약하겠습니다.

록펠러가 98세까지 장수했는데, 그가 장수한 이유는 그가 거부였기 때문이 아닙니다. 첫째가, 감사하는 마음이었습니다. 그는 어떤 상황에서도 남을 비방하지 않았습니다. 둘째는 경건한 생활입니다. 그는 한 번도 술과 담배를 입에 대지 않았습니다. 그리고 평생 동안 교회학교 교사로 봉사했습니다. 셋째는 성경묵상입니다. 아흔 살이 넘어 시력이 약해지자 그는 사람을 고용해 성경을 읽게 했습니다. 귀로 성경을 들으며 마음에 평화를 유지했습니다. 어떤 놀이를 하든지 어떤 일을 하든지 마음의 평화를 유지합시다.

쉼에 대하여

몇 일전 아내가 '쉼'이 필요해서 '쉼'을 찾아 하루 외출한 적이 있습니다. 하루만이라도 털어 버리고 잊고 싶은 아내로서의 짐, 사모로서의 짐이 있었나봅니다. 모교인 감리교신학대학교에 들려서 옛 정취를 밟아보고 은행나무 밑에서 잠자고 있는 탁자에 앉아서 그 때의 꿈들을 되살려보면서 정서적 쉼을 가져보려는 생각이었던 것 같습니다. 이 쉼이 섬기는 사명을 더 깊게 할 수 있기 때문입니다.

신학의 동산에서 함께 호흡했던 친구를 만나 하룻밤을 보내려고 했는데 다른 곳에서 하룻밤이 힘겹게 일어나 몇 시간 못 자고 새벽기도로 달려올 때보다 쉼을 보장해주지 못할 것이라는 생각이 지워지지 않아서 하룻밤도 못 지내고 까만 밤과 손잡고 집으로 돌아왔습니다. 내 성전 내 집에서 하루가 다른 화려한 곳이나 대화를 터놓을 수 있는 곳에서 천 날보다 낫다는 생각이 들어서 계획했던 '쉼'을 포기하고 깊은 밤 집으로 돌아온 아내의 모습을 보면서 하나님께 코가 끼긴 끼었구나 하는 생각을 잠시 했습니다.

"잡힌바 된 나 바울은 부르심의 상을 위하여 쫓아 가노라."

우리는 쉼을 필요로 하는 영혼입니다. 어떤 일을 하든지 쉬지 않으면 성취가 아니라 오히려 파괴입니다. 일도 쉬어야 합니다. 설교도 쉴 때가 있어야 합니다. 만남과 교제도 쉴 때가 있어야 합니다. 언어도 쉴 때가 있어야 합니다. 위도 쉬어야 건강합니다. 계속 뱃속으로 집어넣는다고 건강한 것은 아닙니다. 쉬어야 할 때 계속 움직여야 하는 위장은 큰 병을 짊어지게 될지 모릅니다.

가끔은 금요심야기도회 끝나고 집으로 가서 11시 이후에 말을 쏟아서 허전하고 힘을 쏟아서 배고픈 배를 채우기 위해 정신없이 라면을 끓여서 후르륵후르륵 먹을 때가 있습니다. 쉬면 그 밤이 편안한데 후회할 것을 알면서도 먹습니다. 그런데 아침은 좀 다릅니다. 생식이나 요구르트 한잔 먹고 출근합니다. 그리고 성경을 열면 그 쉼과 행복은 저에게 하루를 다스리게 하는 능력으로 찾아옵니다.

이어령 씨의 「신한국인」 이라는 책에서 한국인의 생활방식을 밥세대와 라면 세대로 나누어 놓았습니다. 예전 우리 어머니들과 아내들은 밥을 짓기 위해 뜸을 들이고, 또 늦게 들어오는 남편과 자녀들을 위해서 밥을 이불을 덮어서 아랫목에 묻어 둡니다.

이러한 모습에서 한국인의 어머니와 아내의 따뜻한 기다림을 느낄 수 있습니다. 저도 늘 이런 가정의 쉼을 그리워합니다. 그러나 요즘 세대가 잘 먹는 라면은 시간이 걸리지 않고 간편합니다. 누구를 기다리면 불어버리기 때문에 빨리 먹어야 합니다. 패스트푸드(fast food) 산업이 발달하고 있습니다.

음식을 먹는 대신 '쉼'과 따뜻한 대화가 있습니다. 기다리는 쉼과 여유를 점점 더 잃어버리고 있습니다.

우리는 기다림과 휴식의 중요성을 많이 잊고 살아서 오히려 가만있거나 기다리는 것을 낭비라고 생각합니다. 그러나 그런 생각이 결국 안식의 중요성을 잃어버리게 했습니다. 분주한 현대인(現代人)의 쉼터는 이제 한곳임을 소개합니다.

"수고하고 무거운 짐 진 자들아 다 내게로 오라 내가 너희를 쉬게 하리라"(마 11:28)

겨울 연가

-영혼의 그리움을 담은 시-

겨울 내내
내 가슴의 찬바람을
함께 견디어준 친구,
응접실 분재 소나무의
얼굴로 인하여 내 얼굴에도
봄의 향기 묻힐 수 있어
커피 한 잔에 프림 대신에
고마움을 섞어서 마시고 싶습니다.
이렇게 받은 것, 나누고 싶어서
못 먹는 커피 한 잔의 눈물을 마실 때
당신의 아픔을 마시고 싶습니다.
당신의 짐을 모두 마시고 싶습니다.
잠 못 이루는 당신의 밤도
모두 마셔 버리고 싶습니다.

겨울을 밀어내는

바람에 나의 마음을

전할 수만 있다면

십자가가 들려준 끝없는

사랑 이야기를 편지하고 싶습니다.

시린 손을 잡아주는

깊이 빠져가는 베드로 손을

잡아 주셨던 그 손을 보내 드리고 싶습니다.

바람에 나를 물들일 수 있다면

목자의 마음, 샤론의 마음 물들여

당신의 깊은 신음의 자리에

날아가고 싶습니다

당신 곁에서 부는 바람이고 싶습니다

임마누엘

막 태어나는
잎새 하나에 스며들고 싶다
너무 여리기에
너무 부끄럽기에
배냇짓 하는 아기 얼굴 같기에
나를 모두 빼앗아간
잎새 하나의 감동으로
이렇게 서서 울고 있다

막 물이 오르는
가지 위에서
노래하는 새들을 보라
아이들이 새소리에 빠져
가방 놓고
연필 놓고
학습지 놓고 있다가

새가 되고 싶다고 한다

어린 가지 같은 여물지 않은 등에

짊어진 교육이

무척이나 힘겨운 모양이다

겉으로는 큰 웃음 지어서

아이들의 얼굴을 위로하고 쓰다듬고는

속으로는

목자의 얼굴을 떠올리면서

아빠도 새가 되고 싶다고 말하고

아픔으로 아이들의 마음과 동화(同和) 되었다

이렇게

주님은 우리 마음을 알기에

우리와 늘 동화(同和) 되신다

이것이 임마누엘 일 것이다.

희망의 쪽지

　요즘, 눈을 뜨면 꽃들의 영광 때문에 눈부신 아침을 맞이할 때가 많습니다. 이 눈부신 아침을 그 누구가 시기한 듯, 새벽이 열리기 전부터 검은 비가 계속 내려 꽃들의 얼굴을 때리고 있습니다. 그래도 웃음을 잃지 않은 그 얼굴들에서 오히려 생명의 눈부심과 희망을 더 강렬하게 느끼는 역동적인 아침입니다.

　이런 비 오는 날의 느낌을 교회 버스에 싣고 인생에 있어서 한때는 화사한 꽃이었던 '경로푸른교실' 어르신들을 모시고 63빌딩 수족관 견학을 갔었습니다. 생명의 신비함과 다양함, 그 솜씨는 저절로 하나님을 경외하게 했지만 저는 수족관의 어류의 신비함보다도 어르신들의 얼굴을 더 많이 보고 관람했습니다. 그 얼굴들, 주름살 깊이에서 교회를 담은 희망, 한평생 포기 않은 희망으로 기도로 걸어온 여정, 그리고 인생의 겨울과 같은 수많은 터널을 통과해서 피어난 동백꽃 같은 대견함이 저에게는 더 풍부하고 아름다운 수족관이었습니다.

　가슴속에 끝없는 재롱과 언어가 들어 있어서 쉬지 않고 나오는 김공연 집사님의 재롱과 언어풀이를 넋을 놓고 들으면서 '경로푸른교실' 어른들을 과거로 여행시켜 새싹이었을 그때, 그 시간과 공간에

서있게 하는 신비한 달란트의 힘으로 모두를 사로잡는 그런 재치를 발휘한다고 생각했습니다. 집사님 곁에 있으면 어린아이가 되지 않고는 견딜 수 없는 마력이 나오는 듯합니다. 하늘샘 토평교회 어르신들의 희망입니다.

저녁기도 후에 가정으로 돌아와 딸들과의 만남은 또 하나의 희망이며 바라보기만 해도 그대로 쉼이 됩니다. 오늘은 막내 보미와 영화감상을 하고 일기 써내는 숙제 때문에 함께 영화에 깊이 빠지는 밤이 되었습니다. 아침에 깊은 밤 보미가 써놓은 일기를 훔쳐보고 아빠의 흔적을 발견할 수 있어 행복했고 저에게 작은 희망을 채워 주었습니다. 올해 초등학교 2학년인 보미의 일기를 그대로 소개해 봅니다. 무인도에서 삶과 탈출에 관한 휴먼드라마입니다.

'케스트 어웨이'라는 영화는 감동적이고 슬프고, 또 무서운 이야기이다. 그걸 보고 희망을 잃지 않으면 죽지 않을 수 있다는 걸 느낀다. 혼자 아무도 없는 아니 이웃도 없는 무인도에서 먹을 것도 없고, 죽으려고 해도 무섭고, 하지만 끝까지 희망을 잃지 않고 살아남게 되었다.

이웃이 없어, 대화할 상대가 없어, 축구공으로 눈, 코, 입을 자기의 몸에서 피를 내어 그 피로 그려서 만들게 되었다. 그리고 사랑하는 사람의 얼굴을 그리워하면서 어려움을 다 참았다. 사랑하는 사람의 얼굴이 그를 견디고 이기게 해 주었다.

만약 내가 무인도에 혼자 있으면 끝까지 희망을 놓치지 않고 나의 희망 길을 꼭 놓치지 않을 것이다. 또 무인도에 나 혼자 이웃도 없고 동물 하나도 없고 주인공처럼 4년 동안 계속 혼자 살고 게와 물고기만

구워먹고 산다 할지라도 난 느낀다. 고난이 있은 후 내게 희망이 온다
는 것을 또 어른들이 얼마나 소중한지 깨닫게 되었다. 우리나라에
이웃한 사람도 없고, 사람들도 없고, 나 혼자 있으면 얼마나 무서울
까? 그래도 2학년 7반 친구들, 선생님, 가족이 있기 때문에 내가 외로
울 때, 슬플 때, 도움이 되어 준다."

아이의 영혼은 느끼고 있습니다. 함께 있는 것의 고마움, 감사,
그 힘을 고백하면서 더불어 함께 살아가는 것은 고난의 상황이 밀어
닥친다고 하더라도 함께 있는 것 자체가 희망이라는 것을 느끼고 있
습니다.

곁에 있는 사람은 소중합니다. 사랑하는 사람이 곁에 있는 것만으
로도 우리의 인생을 포기하지 않게 하는 희망입니다

선택의 기준

초대교회인 예루살렘 교회가 비대해지면서 사도들은 기도와 말씀 전하는 일만 전무하기가 힘들어졌습니다. 수많은 요구들, 필요들 때문에 행정적 마비상태가 왔을 뿐만 아니라 기도와 말씀 전하는 일 외에 구제, 돌봄, 교회행정 등에 치어서 오늘 할 일을 오늘 하지 못하는 상태, 사도들이 해야 할 일을 하지 못하는 위기에 직면하게 되었습니다.

그래서 교회를 돌보고 사도들을 보좌할 인물들을 택하는데 기준은 다른 것이 없었습니다. 성경의 대답은 아주 간단합니다. "믿음과 성령이 충만한 사람을 찾으라"였습니다. 주님의 과제가 정상으로 되었으면 신뢰할만한 성실이 있다는 것이지요. 성령이 충만하면 아무렇게나 시간을 쓸리 없다는 것이지요. 이러한 판단은 주님이 일이기 때문에 그런 것입니다.

지방자치화 시대에 있었던 6월 13일 선거도 신뢰가 충만하지 않은 당이나, 믿음이 안가는 인물은 모두 심판을 받아야 했던 선거였습니다. 모두들 인물이라고 자처하고 나섰는데 그 고을을 위해서 성실하고 진실성에 좀 더 가깝다고 생각하는 사람, 오늘의 공약을 내일로 미루지 않는 사람, 시민들을 향한 오늘의 봉사를 내일의 일로 자주 미루지 않는 사람에 좀 더 가까운 사람을 선택했던 것입니다.

교회 안에도 일꾼이라고 자처하는 사람들이 많습니다. 그런데 교회 안에서 일어나는 잡음은 왜 그렇게 많습니까? 이유가 뭘까요? 성령 충만하지 못한 사람이 일을 하기 때문입니다. 믿음으로 하지 않기 때문입니다. 아무에게나 집사주고, 권사주고 아무에게나 직분을 주고 , 아무에게나 직책을 주기 때문입니다. 교회는 먼저 주의 일을 우선순위에 두는 부지런한 성령 충만한 일꾼을 선별해야 합니다.

새에 대한 글을 소개합니다. '아, 날이 새면 집 지으리라'는 이름의 새를 아십니까? 이름이 참 이상하지요? 이 새는 히말라야 지방에 산다는 전설 속에 새입니다. 히말라야 산지는 낮에는 따뜻하지만 밤에는 살을 에는 듯한 추이가 찾아오는데 이 새는 둥지가 없이 낮에는 노래만 부르다가 밤이 되면 집을 짓지 않은 것을 후회하며 밤새도록 "아, 날이 새면 집 지으리라" 하고 흐느낀답니다. 하지만 아침이 되고 다시 따뜻해지면 어젯밤의 그 맹세는 잊어버리고 또다시 노래 부르며 놀기만 한다는 것입니다.

우리는 어제에 했던 잘못을 오늘 또 저지르기를 잘합니다. 결심한 것을 실천하지 못하고 '이렇게 할 걸 저렇게 할 걸'하고 후회만 하는 버릇이 있습니다. 오늘 해야 할 일들은 오늘 해야 하는 것은 시간을 버는 일이기도 하다는 것을 잘 알면서도…….

"내게 능력 주시는 자 안에서 내가 모든 것을 할 수 있느니라"(빌

4:13)고 성경은 가르칩니다.

역사는 오늘 집을 짓는 성실하고 충성스런 사람을 늘 선택합니다. 하나님께서 한 인물을 세우시고 선택하시는 방법이기도 합니다.

장자못 메시지

인생에서 고난에 직면했을 때 주위 친구들의 모습을 지켜보십시오. 내가 고난에 직면했을 때 내 곁을 떠나가는 사람은 나의 친구가 아닙니다. 그러나 고난의 순간 고독의 순간 방황의 순간에 내 곁에 끝까지 머물러 있는 사람이 있습니다. 그리고 나를 위해 작은 희생이라도 기꺼이 감당하는 사람 이 사람은 친구입니다. 이런 친구가 있다면 인생길에 얼마나 큰 힘이 되겠습니까?

영국 속담 가운데 순경은 친구를 만들지만 역경은 우정을 시험한다는 말이 있습니다. 로마의 철학자 키케로는 우리는 고난을 만나야 진정한 친구를 알아본다고 말했습니다. 교우들이 고난당할 때 여러분 곁에 머물러 줄 수 있는 친구가 있나요?

제 1차 세계대전 중에 있었던 실화입니다. 미국 어떤 마을에 두 친구가 같은 날 같은 부대에 징집되었습니다. 싸우던 중 한 친구가 적진에 뛰어 들어 부상을 입었습니다. 참호를 빠져나와 친구에게 달려 가려하자 부대원들이 그를 가로막았습니다. "가면 안 돼, 이미 때는 늦었어. 너까지 죽어!!"

그러나 그는 뿌리치고 쓰러진 친구에게로 달려갔습니다. 쓰러진 친구를 엎고 나왔지만 이미 숨을 거두었습니다. 분대장이 화를 내며 "거봐 자네까지 죽을 뻔 했잖아"그러자 그는 분대장을 향해 이렇게 말했습니다.

"분대장님 제가 친구에게 달려갔을 때 제 친구가 제게 뭐라고 그랬는지 아십니까?" "뭐라고 그랬나?" 내 친구는 거친 숨을 몰아쉬며 말했습니다.

"친구야 나는 네가 나한테 올 줄 알았어." 우리가 인생길을 걸어가면서 이런 친구를 만날 수 있기를 간절히 기도해야 합니다.

'죄 짐 맞은 우리 구주 어찌 좋은 친군지'라는 찬송가 가사처럼 그분은 내가 그분을 선택하기 전에 나를 선택하고 다가 오셨습니다. 그리고 십자가에서 나의 죽음을 대신해서 죽으신 그 사랑으로 이렇게 고백하셨습니다.

"너를 사랑한다." 우리는 이런 친구를 만나기를 소망합니다.

이런 생각을 하면서 장자못 산책코스 안에 적혀 있는 함석헌 씨의 시 한 편을 소개합니다.

그 사람을 가졌는가
만리길 나서는 길
처자를 내맡기며 마음 놓고 갈 만한 사람
그 사람을 그대는 가졌는가?
온 세상 다 너를 버려 마음이 외로울 때에도
너 뿐이야 하고 믿어주는

그 사람을 그대는 가졌는가?

탔던 배가 가라앉을 때 구명대를 서로 사양하며

너만은 제발 살아다오 할

그 사람을 그대는 가졌는가?

잊지 못할 이세 상을 놓고 떠나려 할 때

너 하나 있으니 하며 빙그레 웃고 눈을 감을

그 사람을 그대는 가졌는가?

온 세상의 '예' 보다도

'아니오'라고 가만히 머리 흔들며 진실로 충언해 주는

그 한사람을 그대는 가졌는가?

파슬리의 기적

사람이 가장 두려울 때는 혼자라고 느껴질 때, 아무리 생각해도 이렇게 걸어온 길이 어떤 함정에 빠진 것 같고 속았다는 생각이 들 때, 그리고 전혀 미래가 보이지 않고 확신은 저 안개 속으로 사라진 것 같은 불확실성이 나를 짓누를 때, 사람은 두려움의 깊은 나락으로 빠질 수 있습니다.

430년이라고 하는 히브리 백성의 노예생활은 이미 두려움보다 더 깊은 포기와 절망이 그들을 이끌고 가고 있었는지 모릅니다. 우리가 성경에서 발견할 수 있는 중요한 사실 하나는 그들이 이러한 상황 속에서 마침내 하나님께 '울부짖기' 시작했다는 것입니다. 그래서 하나님은 그들의 고역을 보시고 그들을 구원시킬 사람, 준비된 하나님의 사람, 모세를 드디어 보내셨습니다. 출애굽의 40년의 긴 역사는 손을 든 곳에서 그 백성을 위하여 일하시고 길을 내시는 하나님임을 여실히 보여주는 체험의 현장이었습니다.

이천에서 수 년 동안 하우스 농사하시던 이천수 장로님이 계십니다. 주름 굵어진 나이에 농사일을 힘겹게 감당하시면서 구리에 있는 본 교회인 하늘샘 토평교회 신앙생활을 해오시던 어느 날 밤, 깊은 시름에 잠기셨답니다. 금요일 날인데, 철야에 가서 기도할 만큼 마음 가볍지 못하고 머리에도 온갖 염려와 두려운 생각 때문에 잠 못 이루시다가 밖으로 나와 생각하니 기가 막히더랍니다. "이 나이에 농사일은 힘들고, 채소 값도 땀보다는 풍요롭지 못하고, 빚은 많이 지고 있지, 이자는 갚아야지, 이왕 이천으로 내려 왔는데 빚이라도 갚고 덕스럽게 올라가서 노후를 보내야 할 텐데……." 하는 여러 가지 생각이 당신을 끌고 가시는데 밤이 어둡듯이 캄캄한 생각이 온몸을 휘감더라는 것입니다. 마음이 너무 어두워지는 것을 느끼신 이 장로님은 방으로 들어와 이부자리에 엎드려 하나님께 기도하기 시작했습니다. "하나님 이 어둠을, 이 상황을 보시고 은혜 베풀어주소서. 이종의 가정을 건지소서" 한참 기도하다가 잠이 들었습니다. 그런데 꿈에 당신은 하우스 안에 서있는데 하늘에서 지금까지 보지 못한 알 수 없는 강렬한 빛이 장로님을 내리 비추는데 장로님 손에는 파슬리(경양식이나 호텔음식에 들어가는 채소)가 한 움큼 쥐어 있더랍니다. 꿈을 깨서 생각해 보니 하나님이 파슬리를 심으라고 하시는 음성처럼 마음에 다가오기 시작했습니다.

기도한 후에 얼마가 지난 뒤, 파슬리를 하우스에 심고 꿈에 하나님이 빛 가운데 보여 주신 것이니 반드시 좋은 결과가 있을 것이라고 믿고 기다립니다. 그런데 이상하게도 그 해, 파슬리 값이 좋지 않아 사람들은 모종을 옮겨 놓고 파슬리가 잘 자라는 것을 보면서도 뽑아 내 버리거나 다른 채소를 경작하기 시작했습니다. 파슬리 값이 오르는 것이 아니라 내려가니 품값을 들여 출하할 필요가 없다고 계산한 사람들은 파슬리를 다 뽑아 버렸습니다. 그러나 이 장로님은 꿈에 하나님이 보여주신 환상이라 믿고 기다렸답니다. 더위는 지나고 찬 바람이 불어오는데 그 해 제주도에 갑자기 폭설이 내려 파슬리 농장이 다 전폭 되었다는 소식입니다. 그래서 제주도에서 파슬리가 올라오지 못하니 전국에 파슬리 공급량이 터무니없이 부족하게 되었습니다. 그래서 갑자기 파슬리 값이 10배 이상으로 뛰더랍니다. 그래서 날마다 이 장로님은 신나게 수확을 해서 많은 수입을 올려 농사 부채를 다 해결하고 하우스도 좋은 값으로 잘 팔고 구리로 이사 오게 되었답니다.

지금도 그때를 회상하시면서 가끔 이 이야기를 이 종에게 하시는데, 들어도 들어도 지루하지 않고 늘 은혜를 받습니다. 장로님은 아무리 어려운 상황이 오더라도 하나님께 두 손 들어 기도하면 파슬리의 기적은 우리 삶 가운데 얼마든지 나타날 수 있다고 믿고 계십니다.

찬송의 힘

늘 찬송 부르며 산다는 것, 참으로 말이 쉽고, 말하기 쉬운 것이지 어려운 일이 아닐 수 없습니다. 이미 나의 환경이 노래가 아니며, 즐거움이 아니며, 찬송이 아닐 수 있기 때문입니다. 찬송이라기보다는 오히려 어두움이며, 절망이며, 사방으로 막혀 있는 암담함 그 자체입니다. 그럼에도 불구하고 노래하는 것이 찬송입니다. 평안할 때 흘러나오는 노래는 문자 그대로 노래일 수밖에 없고, 찬송은 노래를 빼앗아 가는 환경 가운데서도 불리는 영혼의 가락이기 때문에 어렵지만 위대한 것입니다. 찬송할 때 하나님의 영이 발동되기 때문입니다.

구약성경 열왕기하에 보면, 이스라엘 왕 여호람과 유다의 왕 여호사밧 그리고 에돔왕이 군대를 이끌고 모압을 치러 먼 길을 떠났습니다. 그런데 에돔광야에 이르자 가져간 물은 다 없어지고 광야에는 물이 없어 그들은 죽음을 당할 지경에 이르렀습니다. 이때, 선지자 엘리사가 거문고 타는 사람들을 불러와서 하나님을 찬양하게 했습니다. 그 놀라운 찬양 중에, 영감 있는 찬양 중에 하나님의 신이 엘리사를 감동 시켰습니다. 그리고 하나님은 엘리사로 하여금 생수가 흘러

들어 올 개천을 파라고 시켰습니다. 다음날 새벽에 생수가 솟아나 파놓은 개천들을 가득 채웠습니다. 광야에서 생수가 흐르게 한 은혜로 생수 같은 승리를 하였습니다. 노래의 승리가 아니라 찬송의 승리임을 말씀합니다.

해방 후, 주색잡기에 여념이 없던 평안도 사람이 집에 들어오면 부인을 정신없이 매질합니다. 이유는 교회에 다닌다는 이유입니다. 그런데 부인의 믿음이 보통이 아닙니다. 남편이 때릴 때 마다 찬송을 불렀습니다.

455장입니다. "주안에 있는 나에게 딴 근심 있으랴 십자가 밑에 나아가 내짐을 풀었네. 주님을 찬송하면서 할렐루야 할렐루야 내 앞길 멀고 험해도 나주님만 따라가리."

부인은 매를 맞을 때마다 이 찬송을 부르기 때문에 부인을 때리던 남편도 찬송가 455장의 곡을 다 외워 버렸습니다. 6. 25전쟁이 일어나자 그는 인민군에 징집되어 낙동강 전투에 참여하였다가 유엔군의 포로가 되었습니다. 거제도 수용소에 갇혀있는 동안 매일 밤 살인 사건이 터집니다. 친공 포로와 반공 포로에 격투가 벌어지거나 동료들끼리 치고받고 하다가 큰 사고가 납니다. 이때 종군 목사로 일하고 계시는 옥호열 목사님의 영향력이 컸는데 그분으로부터 신분을 보장 받으면 살아날 수 있었답니다. 그래서 이 사람이 선교사를 찾아가서 자기는 교인인데 전향해서 자유대한에 살고 싶으니 상부에 좀 잘 말해 달라는 부탁을 했습니다. 그럼 무엇으로 보장을 설까요? 목사님이 물으니 "찬송을 부를 수 있어요 대답하고는 암기한 455장을 혼심을 다해 불렀어요." 그는 살아나서 이것이 하나님의 은혜라는 것을 깨닫고 신학을 공부하여 목사가 되었습니다.

찬송은 위기를 뚫고 나아가는 힘이 있습니다. 이것이 찬송 자체에 있는 역동적인 힘입니다. 찬송은 자신에게만 힘이 되는 것이 아니라 듣는 사람을 감동시켜 그 영혼을 구원케 합니다. 이번 성회에 영혼의 찬양이 메아리치기를 소망합니다.

눈물을 보며

깊은 밤
성전에 머리 조아리고
아빠 목회 잘되게 해달라고
젖 달라 듯 우는 어린 두 딸의
눈물을 보며
그 속에 계시는 하나님
당신을 봅니다.

눈물을 보면
나의 눈은 작은 눈물방울이 되고
다시 눈물을 보면
나의 속 여기저기에
눈물이 달립니다. 송이송이
미안하다 딸들아
아빠가 너희들도 목회자로 만들었구나

오늘밤

우리의 눈물을 매달아 놓자

네 눈물을 아빠의 가슴에

아빠의 눈물을 네 가슴에

우리의 나무에 매달아 놓은

눈물의 열매를 늘 바라보면서

시련의 바람이 불 때마다

하나님 가슴에

그 눈물의 열매를 모두 떨어뜨리자

바람이 불면

모든 나무들은 흔들린다

그럴 때

나무에 함께 달려계신

하나님을 생각하고

낙엽 떨어지듯 떨어질 땐

주님의 품으로 떨어지자

온 눈물로 떨어져

눈물의 자리에 가득 고여 있는

하나님의 은혜를 마시자

딸들아, 양들아

남을 헐뜯는 사람은 단명한다

요즘, 주말이면 가끔 구리시 문화행사의 센터가 되는 장자못 공원, 가족과 연인의 쉼터요, 계층 간의 만남이 이루어지는 장자못 공원에 새로운 소식이 들려 왔습니다. 하늘샘 토평교회 바람이 불어 온다는 소식입니다.

보통사람들은 만남으로 즐겁고, 인라인스케이트, 배드민턴, 에어로빅 등으로 웃음과 소리를 만들어 내지만 우리 토평식구들은 나누어 줌으로서, 섬김으로서 행복합니다. 매주 토요일 오후 5시 이후면 우리 식구들 수십 명이 장자못 공원을 점령해 버립니다. "큰 믿음으로 온 누리를 끌어안는 하늘샘 토평교회"라는 현수막을 내걸고 만나는 사람마다, 찾아오는 사람마다 따듯한 커피 한잔을 선물합니다. 그리고 커피의 여운 속에 그리스도인의 웃음을 가득 담아서 그들의 마음에 던집니다. 진정으로 밝은 웃음을 볼 수 없는 세상에서 우리가 섬기는 이 웃음이야 말로 그들의 마음에 상처를 지우기에 충분하고, 그들의 영혼의 쉼터를 제공하기에 넉넉한 웃음이라 여겨집니다.

또 하늘샘 토평교회의 띠를 두르고 겸손이 인사하면서 사람들의 놀이 뒤안길에 버려진 쓰레기를 줍는 그 모습의 세상을 섬기는 우리의 정체성의 회복이요, 도덕적 쓰레기 같은 세상이 정말 밝아지는 것 같은 꿈에 젖게 하는 섬김의 아름다움이라 할까요, 그 시간에 가기만 하면 기분 좋은 감동을 먹을 수 있습니다. 아마도 사람들에게 있어서 장자못 공원의 토요일이 더 기다려질 것이며, 그 쉼을 기다리면서 한 주일을 긍정적으로 살고 넉넉히 이겨낼 것이라는 생각을 해봅니다. 하늘샘 토평가족의 그 얼굴, 예절, 섬김, 나눔, 쪽지전도지, 선물, 그리고 섬기는 언어(말)가 사람들의 마음속에 이미 각인되어 지워지지 않을 것이기 때문입니다.

"안녕하세요. 행복하세요. 예수 믿으세요" 그 말 한마디의 위력은 생명의 씨앗이 되어서 사람들에게 놀라운 희망을 주고 말 것입니다.

나라가 참으로 어려운 시기에 인도의 간디가 많은 사람들과 함께 길을 걷고 있었는데 한 할머니가 길에 엎드려 슬피 울고 있었습니다. 간디는 주머니에서 수건을 꺼내 할머니의 눈물을 닦아주며 말했습니다. "모든 사람의 눈물을 닦아주고 싶어요. 그러나 나에게는 손이 모자라는 군요"

이 말 한 마디가 인도인들에게 엄청난 감동을 주었습니다. 가난과 질병에 고통당하는 인도인들에게 한줄기 희망의 빛을 던져 주었습니다. 인도인들은 간디의 사랑의 말에 힘을 얻어 독립을 외쳤습니다.

말의 위력은 무섭습니다. 위로와 격려의 말은 명약이 됩니다. 그러나 부정적인 저주의 말은 독약이 됩니다. 러시아 장수학자 구리 아닌 교수는 논문에서 단명하는 사람들의 공통점은 여러 사람이 모인 곳에서 대화를 석권하거나 남을 헐뜯기를 좋아하는 사람이라고 규정했습니다. 사랑이 담긴 긍정적인 말은 희망을 낳습니다.

우리들의 장자못 공원운동은 몸의 언어로, 입의 언어로 세상을 섬기는 것이며 희망을 심는 운동입니다. 그렇기 때문에 하늘샘 토평교회는 단명하지 않고 영원할 것입니다. 이 땅에 영원히 빛과 소금으로 존재할 것입니다.

비오는 것이 좋다

비오는 것이 좋다
비가 오면 다 고개 숙이고
생각하고 또 묵상하니까,
수도원 창밖에 나무들이
다 머리 숙이고 무엇인가 묵상하고 있다
조금 전까지만 해도 고개 들고
빛에게로, 세상에게로 향하여
내게 오라, 쉬게 하리라, 했던
그 무언의 언어에 눌려서
부담스럽고 내가 초라했었는데
이제 가까이 가고 싶다
고개 숙인 사색의 품으로....

비오는 것이 좋다
하늘아래 세상이
차별이 없는 것 같아서 좋다

화려하게 입은 사람도

좋은 집에 사는 사람도

그 어떤 외부적 장식도 드러나지 않고

도화지 안에 있는 하나의 그림처럼

경쟁 없이 나란히 서있는 것 같아서 좋다

같이 서있고 싶다

꾸밈, 포장, 색칠, 외식

분노, 미움, 비교, 경쟁...

비 맞으면

기껏 닦은 차도 소용없듯이

이런 외모, 외적인 형색은

성령의 비를 맞으면 허상에 불과 하다

아무 소용없다

비오는 것이 좋다

한없이...

빛 같은 사람

'성실하고 정직하게 사는 사람이 성직자이다' 라는 말이 있습니다. 조그만 책자에서 최선을 다하고 성실하게 사는 설렁탕집 주인의 아름다운 이야기가 있어 그 성도 같은 얼굴이라 생각되어 보지는 못했지만 제 마음을 환하게 밝혀주는 빛 같은 사람을 소개하고 싶습니다.

이 집은 고령 설렁탕집입니다. 이 집은 모토가 있습니다. "예수님이 드셔도 부끄럽지 않을 그런 설렁탕을 만들겠다"는 것입니다. 이와 같이 예수님이 드셔도 부끄럽지 않은 설렁탕을 만들기 위하여 그들은 첫째, 좋은 재료만을 사용합니다. 고기와 뼈는 물론이고 고추와 마늘 그리고 생강 하나에 이르기까지 최고의 품질만 선별하여 구입합니다. 둘째, 음식에 정성을 쏟습니다. 마늘 하나도 자신들이 직접 까고 생강하나도 자신들의 손으로 껍질을 벗겨 음식을 장만합니다. 쉽게 깐 마늘과 생강을 구입하여 음식을 만들어도 될 터인데 그렇게 하면 음식에 정성이 덜 들어간다고 그 힘든 작업을 고집스럽게 하고 있는 것입니다. 셋째, 정직하게 음식점을 운영합니다.

어느 날인가 고기를 공급해 주는 집에서 고령 설렁탕집으로 좋지 않은 고기를 공급해준 것입니다. 종업원이 밤새도록 끓였는데, 뽀얗지가 않고 누렇게 되었습니다. 고기 공급 집에 연락 했더니 "이번 한번만 커피 프림을 넣어 국물을 뽀얗게 만들면 안 되겠냐고" 제의해 왔습니다. 국물을 뽀얗게 만들기 위하여 커피 프림을 사용하는 집이 많다는 것입니다. 그러나 고령 설렁탕집은 그날 밤새 끓인 설렁탕을 모두 버렸습니다. 그리고 손님들의 양해를 구하고 그날 하루 문을 닫았습니다. 그리고 다시 뼈와 고기를 사다가 설렁탕을 끓였다고 합니다.

이럴 때 신념이 무너져서 손해 안 보려고 속일 텐데, 수백만 원의 손해를 보면서도 신념이 무너지지 않고 꾀부리지 않고 고집스럽게 좋은 설렁탕 하나에 생명을 걸고 장사하였더니, 사람들에게 감동으로 알려져 성공해서 여러 번 손해 본 것을 다 만회하였을 뿐 아니라 돈도 제법 벌게 되었다고 합니다. 이런 분들이 성경이 말한 왕 같은 제사장입니다. 성직자입니다.

교회에서 열심을 다하는 것도 중요하지만 더 중요한 것은 한주일간 삶의 현장에서, 자기 직업에 소명의식을 가지고 설렁탕 한 그릇을 만들어도 자기의 최선을 다하고 정직하게 정성을 쏟는 것입니다. 성경에 "무슨 일을 하든지 사람에게 하듯 하지 말고 하나님 앞에서 하듯 하라는 말씀이 있습니다.

하나님 앞에서 꾀부리지 말고, 요령부리지 말고, 바보처럼 보여도, 우직하게 보여도 고집스럽고 정직하고, 성실하게 사는 사람들이 행복한 사람입니다. 성공한 사람입니다.

80년대 군 생활할 때 아직도 제 가슴에 지워지지 않는 진실과 성실이 있습니다. 그 사람은 지금도 내 마음을 사로잡고 있습니다. 연락은 안 되고 너무 그립고 보고 싶습니다. 제가 군종병 되기 전에 포병 포다리 주특기로 있을 때, 졸병인 제가 힘들다고 포다리 묻을 땅을 대신 파주고, 시간이 쫓겨도 내 관물 먼저 정리해 주고, 빨래도 해주었던 성실하고 진실한 그 최선의 사람이 그립습니다. 이름은 '김보환 병장'입니다. 나이는 저보다 한 살 적었는데 군대는 계급이 선배라고 늘 의젓했습니다. 내가 실수해도 한 번도 화낸 적이 없습니다. 끝없이 기회만 줄뿐이었습니다. 이분은 지금 있는 자리에서, 있는 자리를 행복하게 해주는 사람으로, 많은 사람의 가슴에 기억나는 사람으로, 성공적으로 살아가고 있을 것입니다.

원초적 겸손

고향으로 달려가는 생각은 십 년 전이나 지금이나 세월의 간격이 별로 없듯이 그 마음 또한 간격이 없이 동일 한 마음입니다. 이 마음으로 벌초하기 위해 고향의 동산위에 서 있습니다. 그리고 옛날 열정적으로 살았던 교회 밑에 있는 우리 집 지붕을 바라보면서 그냥 편안하고 머리가 맑아지고 늘 때 묻지 않은 그때 그 모습으로 돌아가 있습니다. 나는 무엇인가 포장 되어 여기까지 왔는데, 그것이 성직이든, 신학이든, 경험이든, 얄팍한 지식이든⋯⋯. 그러나 고향의 흙냄새 그대로이며 풀냄새는 소풀 뜯기며 소먹이로 풀 베던 그 모습으로 돌아가게 해줍니다. 풀이 수북하게 많은 곳을 찾아서 쇠꼬챙이에 소를 매어 놓고 풀 다 먹을 때까지 풀벌레 좇아가면서 낮잠 자던 그 얼굴로 내가 서있는 것만 같습니다.

할아버지, 증조모 할머니 산소 주변에는 온통 둘레가 사과와 배 과수원이었는데 지금은 다 뽑혀 나가고 사방이 고구마 밭이고 배나무 한 그루만이 야생넝쿨에 휘감겨 힘겹게 서 있습니다. 야생넝쿨에 목이 조이면서도 많은 배가 열려 있었습니다. 손이 가지 않아 더럽고 때가 많이 묻어 있었지만 속은 오염되지 않은 열매 그대로 있습니다.

제가 낮으로 풀을 끊고 들어가서 모기에 물리는 사투를 벌이면서
배를 많이 따 내렸습니다.

벌초를 마치고 묵이 마르니 그 배를 손에 하나씩 다 쥐고 어른
애 할 것 없이 원색적으로 먹었습니다. 바지에다 과일을 슥슥 문지르
면 그냥 원초적인 세제에 닦은 것이나 마찬가지 입니다. 그리고 껍질
째 그냥 입으로 들어갑니다. 그래도 배탈 한번 나지 않고 잘 성장했고
행복했던 그 추억으로 모두 함께 맛있게 나누었습니다. 껍질은 그냥
자동 탈곡기입니다. 과일 몸체와 함께 입에 들어갔다가 일차적으로
날카로운 이빨에 벗겨진 다음 부드러운 혀에 의해서 몸체와 분리되
고, 잘 썩어서 거름될 수 있도록 프티알린 침액체와 섞어져서 입술의
힘으로 밖으로 배출됩니다. 숙부님들, 사촌 동생들과 함께 이렇게
먹으면서 생각한 것은 "참 순박하다. 다 똑같다. 차이가 없다"고
하는 것입니다. 이 평등한 행복은 우리가족 모두를 겸손하게 했습니
다. 세상에서는 잘나고 못난 것을 비교해가며 얼마나 마음에 상처가
되고 부담이 되고 경쟁이 됩니까? 그러나 평가하지도 않고 평가 받지
도 않고 그 어떤 평가도 할 수 없는 그 행복이 "우리는 다 같은 사람이
다"라고 생각할 때 찾아왔던 것 같습니다. 이것이 초가을 고향의
언덕에서 경험한 행복입니다.

우리는 이 세상에서 완전한 모습 가지고 살아가지 않습니다. 실수
하기도 하고 연약한 모습 드러내기도 하면서 살아갑니다. 성경에는
의인이 하나도 없다고 했습니다. 당대에 의인이라고 했던 아브람함
도 많이 실수하고 자기의 몸종 하갈에 몸에서 자식을 얻는 결정적인

실수까지 합니다. 그런데 이런 실수나 허물이 우리에게 인간미로 다가오니 웬일입니까? 그도 우리와 똑같이 하나님 앞에서 관용되어져야만 하는 존재라는 사실에 대한 공감대를 형성하고 있기 때문입니다. 다 같이 하나님 앞에서 부족한 사람입니다.

하나님께서 아브라함을 믿음의 조상으로 삼으신 것은 그에게 믿음이 있어서거나 그의 행동이 의로워서이거나 그가 실수하지 않아서가 아닙니다. 형편없고 결정적인 실수를 했음에도 하나님께서 그를 끝까지 믿음의 사람으로…

세워주셨습니다. 사람의 실수에 대해서 관용하십시오. 누구라도. 하나님은 마치 죄를 짓지 않은 사람 만나시듯이 항상 우리를 대하시기 때문입니다.

사랑의 흔적

며칠 전 허리 굽은 겸손한 권사님, 그러면서도 새벽기도하시며 눈물을 깔아놓으시던 전정순 권사님이 예고도 없이 흔적만 남겨 놓고 우리 곁을 떠나가셨습니다. 무슨 떠들썩한 업적이 아닌 흔적만 남겨놓고 가셨습니다. 저는 이 흔적을 사랑의 흔적이라 말하고 싶습니다.

그분의 모습이 흔적입니다. 손을 잡을 때의 사랑의 흔적, 인사할 때, 말씀하실 때, 주택 잔디 풀을 뽑아주실 때, 그리고 새벽기도하실 때 기도하는 모습, 이 모두가 사랑의 흔적으로 이 종의 가슴에 멍들어 있습니다.

순교자는 거창하게 죽어야만 순교자가 아닙니다. 인생의 흔적, 사명의 흔적, 최선을 다한 성실한 흔적이 남아 있다면, 그리고 하나님 앞에서 죽음이 부끄럽지 않았다면 그는 순교자입니다.

순교자가 되셔서 가시고 난 다음, 3일 추모예배를 드리는데 세상에서 방황하던 막내아들이 이제 어머니의 기도와 사랑의 흔적으로 이제 하나님께 돌아와 신앙으로 살겠다고 했습니다. 한평생 기도제목 이라고 하셨는데 "죽으면 살리라"고 하는 순교의 아름다운 열매가 권사님 흔적으로 남게 되었습니다. 이것은 사랑의 힘이요, 사랑의 흔적입니다.

그리스도인들을 무섭고 끔찍하게 박해했던 시대에 한 성도가 순교하기 직전에 이렇게 말했습니다.

나를 저주하십시오. 당신이 나를 저주하면 할수록 나는 더욱 당신을 사랑할 것입니다.

나에게 침을 뱉어 보십시오. 그러면 나는 당신에게 사랑의 숨결을 뿜어낼 것입니다.

나를 구타하십시오. 나는 신음소리로 사랑을 고백 할 것입니다.

나를 찌르십시오. 나는 당신을 사랑한다고 절규할 것입니다.

나를 짐승의 먹이로 던지십시오. 나는 사랑의 제물이 될 것입니다.

나를 불태우십시오. 그러면 나는 사랑의 열기로 당신의 증오의 가슴을 녹일 것입니다. 당신의 사랑, 당신의 숨결, 당신의 절규, 당신의 용기, 아직도 제 가슴에 남아 목자의 가슴을 예수의 피로 물들이고 있습니다.

겸허해져야 할 이유

일산 납골당 안에 돌 항아리에 들어 있는 전정순 권사님의 인생, 그리고 작은 항아리에서 들려오는 작은 음성이 있었습니다. "목사님! 인생은 이렇게 작은 것입니다. 육체의 남음은 이것뿐입니다. 이것이 우리가 하나님 앞에 겸허해야 할 이유입니다" 잔디밭에 앉아 활짝 웃으시면서 성경책 보시는 모습을 담은 사진이 꼭 이렇게 말하는 것 같은 음성이 돌 항아리 옆에서 들려오는 듯 했습니다.

매주일 목동에서 이곳 구리 토평리까지 와서 어머니의 그림자를 밟는 예배를 드리고 어머니처럼 믿음으로 한 평생을 살겠다고 다짐하고 회개하는 박기용 성도 내외의 모습은 권사님이 남겨 놓으신 눈물의 기도의 열매입니다. 이제는 하나님에게로, 어머니 가슴으로 돌아왔다고 울부짖으며, 예배를 마치면 영락없이 매주일 일산 납골당에 어머니의 흔적과 냄새를 맡고 다시 한 번 새 힘을 얻고 가정으로 직장으로 돌아간다고 합니다.

지난 주간에 꿈을 꾸었는데 어머니가 흰 구름 위에 앉아 있는데 자신이 어머니 보다 높은 흰 구름 위에 있는 의자에 앉아 있더랍니다. 그리고 "너는 형제 중에서 높아질 것이고 축복될 거라고 하더랍니다.” 제가 이 이야기를 듣고 추모를 마치고 돌아오는데 저에게 그렇게 몇 번이고 고백했습니다. “목사님, 하나님의 교회에 큰 일하는 사람 되고 싶습니다.” 한 영혼의 돌아옴이 이렇게 큰 느낌과 고백으로 다가오니 며칠 동안 기뻤습니다. 우리 주님은 얼마나 감격해 하실까 생각했습니다.

겸허하게 살면 우리는 마지막에 큰 감동을 남길 수 있습니다. 우리가 겸허해 져야 할 이유는 누구에게나 인생의 끝이 있습니다.

그러나 그날이 숨겨져 있음으로 삶에 대해 만용하기도 하고 여유 있게도 하는 게 아닐는지요.

우리가 인생의 끝에 서 있다고 생각하면 삶의 여정을 뒤돌아 볼 때 무엇을 가장 후회하게 될까요?

어떤 사람은 이런 말을 했다고 합니다.

“나는 이 세상을 꼭 한번 지나간다. 그러므로 만일 내가 베풀어야 할 친절이 있다면, 내가 줄 수 있는 좋은 것이 있다면, 지금 당장 그렇게 하겠다. 그것을 게을리 하거나 연기하지 않을 것이다. 왜냐하면 나는 이 세상을 두 번 다시 지나갈 수 없기 때문이다.”

삶의 길목에 잠시 머물러서 음미해 볼 만한 말이라는 생각이 듭니다.

꼭 한번 지나가는 인생길이라면 삶 앞에 좀더 겸허해 져야 하지 않을는지요.

행복한 결과

결과를 지켜본다는 것은 긴장 중에 긴장입니다. 몇 일전 수능시험 결과를 기다리는 수험생들의 얼굴, 부모의 얼굴은 이 땅에 태어나서 그렇게 가슴 조여 본 일이 없는 그런 경험을 하는 순간이었습니다. 결과를 보고 소리 지르면서 그동안의 긴장을 얼굴의 기쁨으로 날려보내는 사람들이 있는가 하면, 결과를 보고 긴장위에 또 하나의 눈물과 근심의 그림자를 얼굴에 칠하는 안타까운 모습들도 보게 됩니다. 결과에 실망한 가슴을 억누르지 못해 옥상에서 뛰어 내려 자살하기도 하고, 유서를 써놓고 아파트에서 뛰어 내리고, 약을 먹기도 하고, 결과 이후에 또 하나의 결과를 지켜 본 우리 모두가 긴장이었습니다.

따지고 보면 우리 교육이 긴장입니다. 자유함이 없고 넉넉함이 없고 빡빡하기만 한 교육이 아이들을 죽음으로 몰아넣거나아니면 자연 속에 넉넉함이 있는 교육 속으로 유학이나 이민을 떠나게 합니다. 결과에 상관없이 웃을 수 있도록 미래의 길과 삶의 길이 보장된 그런 교육이 마련되어 있는 좋은 땅이 되었으면 합니다. 이 땅에 인간보다 소중한 것 없고 영혼보다 귀한 것 없고 생명보다 값진 것은 없기 때문입니다. 모든 삶의 결과가 생명보다 앞서는 것이 있으면 안 되기 때문입니다. 또 하나 결과를 지켜보는 긴장은 건강에 대한 것입니다. 지난번 기도하면서 치료 받고 암 투병하고 있는 김현남 집사님의 모습을 보면서 또 하나의 생명의 힘으로 견디는 것 같은 아픔, 내가 어떻게 할 수 없어 기도도 제대로 할 수 없었던 쓰라림 때문에 그냥 저 고난의 결과가, 그 열매가, '행복'이게 해달라고만 기도하고 그 기도제목 가지고 지금도 기도하고 있습니다. 바울이 말할 수 없는 고난을 받으면서 몸 안에 있든지, 몸밖에 있든지 행복했던 그 행복으로 집사님을 덮어 달라고 기도합니다.

한양대학교 중환자실에 계시는 박순임 권사님, 아무리 불러도 눈을 뜰 생각을 하지 않으시기에 "권사님! 눈 안 뜨시면 저 그냥 나갈래요." 했더니 눈을 한번 크게 뜨고는 또 거친 숨을 몰아쉬는데 그 숨소리를 제 가슴속에 담고, 하나님! 권사님의 결과도 이 땅에 있든지 그 나라에 두시든지 '행복'하게 해 주소서 라고 기도했습니다.

자녀들의 수발을 받고 있는 노선기 권사님은 잘 알아보지도 못하고 마지막 효를 받으시면서 그 나라의 결과를 기다리고 계십니다. 인생의 마지막이 이렇게 연약하고 허무한 것은 하나님이 자녀들의 효를 시험하시고 복을 내리시려는 신호가 아닌가 생각합니다. 노경만 권사님 내외분이 사랑으로 잘 살펴드리시니 그 결과는 이 땅에 있든지 그 나라에 가시든지 아름다울 것입니다.

우리 모두는 환란과 시련의 바람이 불어온다고 할지라도 주님 안에 살면 삶과 생명의 결과는 아름다운 열매로 이 땅에서 빛날 것이요 오래도록 그 발자취가 은혜와 감동으로 남아 있을 것입니다.

빛이 보입니다

지난해는 하늘을 보고 많이 울었습니다. 다른 사람들은 도시의 베일과 도시의 위선에 쌓여 보이지 않는다고 하는 별들이 내게는 아주 선명하게 다가와 멍든 가슴에 수많은 빛을 주고 갔습니다.

그래도 무릎을 꿇을 수 있었기 때문에 빛이 보였을 것입니다. 소중한 생명에 대한 고뇌와 시름의 밤이 있었기 때문에 주님의 빛이 보였을 것이라 생각해 봅니다.

하나님의 은총이 아닐 수 없습니다. 때론 이 작은 가슴에는 담을 수 없었던 놀라움, 충격, 아픔, 슬픔들이 끝 밤의 고비에 놓여 있었습니다.

어둠의 터널을 통과하면서도 제 가슴은 초저녁 총총한 별빛처럼 잠 못 이루고 있었습니다. 다시 개입하셔서 하나님께서 친히 만드실.. 펼치실 목회를 생각하면서 새날에 대한 꿈으로 부풀어 있었기 때문이었습니다.

99년 7월, 추수하기에는 너무나 많은 가라지로 흐트러진, 그래서 황량한 벌판이라고 생각했던 토평의 울타리로 뛰어 들어올 때 양평휴게소를 지나면서 울었고 양수리 대교에서 가슴이 아팠습니다. 북한

강의 깊이만큼 아팠습니다. 새로운 세계에 대한 꿈보다도 더 아팠습니다. 만약 아프지 않았다면 나는 나 스스로를 목회자로 인정하지 않았을 것입니다. 하나님의 명령으로 아무리 합리화되고 정당화되는 이별이라도 아픈 것은 아픈 것입니다. 사랑은 하면 할수록 부족한 것, 사랑은 하면 할수록 겸손한 것, 못내 못다 한 사랑 때문에 가슴에 멍이 들어 그해 여름은 그 멍을 푸느라 잠 못 이루고, 토평의 성전 재건을 시축해 놓고 토평의 피멍든 상처 때문에 내 속에 넘쳐 있었던 열정이 고갈 될 만큼 그 상처와 제 열정과 정면으로 마주쳐 버렸습니다.

변함없이 지금도 고백할 수 있는 것은 성령께서 주시는 심장의 열정으로만 토평의 상처가 치유될 수 있다는 확신입니다.

잃어버린 것도 많고 얻은 것도 큽니다. 그러나 이 모두가 하나님의 시각에서 긍정적입니다. 잃어버렸다는 것은 새로운 일을 행하시는 하나님이 직접 목회의 전면에 나타나셨다는 것이요, 얻었다는 것은 잃어버린 것을 인내하여 잃어버린 것보다 크고 의미 있는 것을, 가치 있는 것을 얻은 것일 것입니다.

바울은 복음을 위하여 잃은 것이 많습니다. 가문도, 명예도, 학식도, 시민권도, 건강도 잃었습니다. 그러나 그는 잃은 것 때문에 오히려 얻었다고 소개하고 있습니다. 얻은 것은 예수 그리스도이기 때문입니다. 예수 그리스도는 내가 붙들고 있는 것을 버림으로서 얻을 수 있는 보화이기 때문입니다.

"내가 이미 얻었다 함도 아니요 온전히 이루었다 함도 아니라 오직

내가 그리스도 예수께 잡힌바 된 그것을 잡으려고 쫓아가노라"(빌
3:12)

오늘도 지치지 않는 목자의 심장으로, 그 눈빛으로 하늘샘 토평의
얼굴들에게 달려가고 싶습니다. 앞길에 수렁이 놓여 있을지라도, 긴
긴 어둠의 터널이 나를 막을 지라도, 산이 흔들려 바다에 빠질 지라도
그 열정을 불살라 보고 싶습니다. 하나님이 위로해 주실 것이기 때문
에 괜찮습니다. 빛이 보입니다.

우리의 얼굴

우리는 상대방의 얼굴을 보면서 '저 사람이 기쁘다는 표시를 하고 있구나' '저 사람이 분노하고 있구나' '저 사람이 나를 반가와 하고 있구나' 등의 메시지를 읽어낼 수 있습니다. 사람은 잠을 자면서도 메시지를 전한다고 합니다. 어린아이의 잠든 얼굴을 보면 평화를 느낄 수 있지요. 어른들의 잠든 얼굴에서는 그 사람이 세상을 살아온 발자취를 읽을 수 있지요 그러니까 사람은 24시간 대화한다고 할 수 있습니다.

얼굴은 마음의 창입니다. 얼굴은 사람의 마음과 신체의 상태를 나타냅니다. 그래서 얼굴 표정은 대인관계에서 매우 중요합니다. 어떤 사람이 오랫동안 실업자로 고생하다가 막노동이라도 해야겠다며 새벽마다 인력시장에 나가 일자리를 얻으려 했지만 헛수고였습니다. 일을 하려는 사람은 매일 5백여 명이 넘었으나, 실제로 뽑혀가는 사람은 한 두 사람 뿐 이었습니다. "어떤 기준으로 한 두 사람을 뽑아가는 것일까?"

그 사람은 비결을 알아내기 위해서 날마다 다른 방법을 써 보았습니다. 하루는 중간에 앉아도 보고 하루는 맨 앞에, 또 어느 날은 뒷자리에 서있기도 했습니다. 어느 날은 책을 들고 있어보고, 눈에 띄는 색깔 옷을 입어보기도 해도 일자리는 구해지지 않았습니다.

그러던 어느 날 아! 하고 무릎을 치면서 비결을 발견했습니다. 밝은 표정을 짓는 사람들이 일거리를 얻는 것이었습니다. 그 사람은 집으로 달려와서 거울을 보면서 연습을 했습니다.

무슨 일을 맡기든지 자신감 있게 열심히, 기쁘게 일을 해낼 수 있다는 표정을 지어 보았습니다. 불만스러운 표정, 못마땅한 표정, 인생의 무거운 짐을 홀로 다 짊어지고 있는 듯 한 표정을 짓고 있는 사람에게 누가 일을 맡길까요? 이것을 깨달은 다음날, 이 사람은 일자리를 얻을 수 있었습니다.

"미모는 눈을 즐겁게 하지만 고운 마음씨는 혼을 매료 시킨다"는 말이 있습니다. 마음의 생각은 혀를 통해서만 나타나는 것이 아니라 얼굴 표정을 통해서도 나타납니다. 우리가 버스나 전철을 탈 때 사람들의 표정을 보십시오. 심각한 표정, 우울한 표정, 신나는 표정, 졸린 표정, 멍청한 표정, 골똘한 표정, 겁먹은 표정, 피곤한 표정, 흐뭇한 표정 등 다양합니다. 표정은 하나하나의 단어가 되어 메시지를 전달합니다 …. 얼굴은 그 사람의 마음을 보여주는 역할을 합니다.

얼굴은 이세 상에 태어날 때부터 타고납니다. 그러나 얼굴에서 풍기는 이미지와 표정은 노력하는 만큼 달라질 수 있습니다. 마음을 아름답게 만들면 변화됩니다. 얼굴은 마음을 그대로 보여주기 때문입니다. 성도의 얼굴은 그리스도의 얼굴을 보여주는 영상매체요 살아있는 인터넷입니다.

마음이 청결한 자...

눈이 펑펑 왔습니다. 눈이 펑펑 오는 날 소나무에 피어 있는 눈꽃을 꺾어서 주먹만 한 눈덩이를 만들어 눈싸움하던 기억이 새롭게 떠오릅니다. 눈꽃으로 만들어진 단단한 눈덩이로 쫓아가서 몸에다가 눈덩이를 집어넣기도 하고, 등에다가, 바지 밑으로 집어넣는 짓궂은 짓을 하다가 연약한 여자 아이가 던진, 너무 단단하게 뭉쳐져서 물까지 젖어있는 돌덩이 같은 눈덩이에 얼굴을 맞고 눈이 오듯이 펑펑 울었던 어릴 적 기억이 잠시 생각납니다.

너무 울면 동네 형이 땅에 앉지 않아서 흙이 묻어 있지 않은 소나무 가지위에 있는 눈을 뭉쳐서 주면, 그걸 시원하게 핥아먹고 울음을 뚝 그쳤던 굉장히 웃기는 저 자신을 지금 생각하면 더 웃음이 납니다. 그때는 오염이 되지 않아 눈도 깨끗했고 사람들의 마음도 깨끗했습니다. 순수한 마음을 먹어서 행복했고 천연 아이스크림인 눈을 어디서나 다 먹어도 됐습니다. 겨울에 새잡으러 가다가도 목이 타면 눈 한 움큼 먹고 흐뭇했고, 풍부하니 서로 싸울 필요도 없습니다. 웃음만 나누면 그뿐입니다. 토끼사냥 가서도 힘껏 쫓다가 탈진 하면 눈 한 움큼 어적어적 맛있게 씹어 먹고 벌렁 누워 시원한 목소리로 '하!'하며 행복해 하던 그때가 어제인 듯 합니다.

이제 사십하고 둘이 더 되었습니다. 그래서 그때 모습으로 행동하기에는 나이의 울타리가 원망스럽고, 성직자의 벽이 왠지 굉장히 높아 보입니다. 가끔은 순수한 인간으로 돌아가고 싶을 때가 있습니다. 그러나 저 때문에 희망이 생기고, 힘을 얻고, 위로를 받고 길을 찾는 사람들을 생각하면 내 순수함을 묻어 버릴지라도, 아니 잃어버릴지라도, 이 십자가의 길을 가야겠다는 생각을 해봅니다. 이것이 소나무와 같은 삶인 것 같습니다. 소나무에 걸려있는 눈꽃을 보면서 이런 생각들을 하게 됩니다. 소나무는 우리의 삶과 아주 익숙한 정서로 가까이 있었습니다. 집을 지을 때도 소나무 목재를 사용했고, 기둥, 대들보, 마루, 문틀, 소나무가 아닌 것이 없습니다. 우리는 향긋한 소나무 냄새에 익숙해 있고 그 나무 곁에도 익숙해 있습니다. 우리가 죽어 땅에 묻힐 때에도 보통은 소나무로 만든 관속에 담겨 땅에 묻힙니다.

우리 민족은 소나무 사이에서 태어나고 거기서 아름다운 추억을 만들고 그 속에서 살다가 소나무 관에 담겨져 땅으로 돌아간다고 해도 과언이 아닙니다. 제가 알기로는 시골 교회 지붕과 용마루도 소나무로 만들었던 것 같습니다. 새알이나 새 새끼 꺼내려 천정에 올라갔다가 수없이 제 속에 스며든 그 냄새, 몸에 까지 밴 그 냄새는 소나무 향기였을 것입니다.

이틀 뒤면 설날인데, 우리 모두가 소나무가 만들어낸 순수함, 소나무 위에, 나뭇가지에, 나무 주변에서 만들어졌던 순수한 만남과 놀이가 온 가정마다, 교회마다 회복되었으면 합니다. 이것은 세속이 때 묻고 변해도 자기를 다스려 지키는 마음이요, 조금도 꾸미지 않고 포장하지 않는 하나님의 형상 회복이라 생각합니다.

홀로를 즐기라

하나님의 사람이 되는 과정에서 통과해야 할 수업이 있다면 외로움입니다. 하나님은 외로움을 통해서 우리를 성숙시킵니다. 광야는 황량한 곳이며, 사람이 없고, 홀로 있어야 하는 시간을 견뎌야 합니다. 거기서 하나님은 자기 사람들을 훈련시키십니다. 깊이 있는 사람은 홀로 있음을 통해서 만들어 집니다. 모세도, 세례요한도, 예수님도, 그리고 바울도 외로웠습니다. 왜 하나님은 외로움을 통과하게 하시는지, 왜 홀로 있게 하시는지, 그것은 홀로 있을 때 하나님을 만날 수 있기 때문입니다. 모세가 하나님을 만났던 장소는 화려한 궁중이 아니라 오히려 외로운 광야에서 하나님을 만났습니다.

홀로 있을 때 우리는 하나님을 만날 수 있고, 자신을 돌아볼 수 있고, 자신을 성찰하는 아름다운 시간을 가질 수 가 있습니다. 자신의 성찰을 포기한 사람은 인간됨을 포기한 것이며 홀로 있는 시간에 하나님은 자신을 계시하십니다. 하나님은 하나님 자신을 보여 주심으로, 우리 자신을 깊이 성찰하게 하십니다.

우리는 하나님 앞에서 홀로 있는 시간을 가져야 할 것입니다. 고독은 축복입니다. 고독은 하나님의 은혜의 시간입니다. 홀로 있음을 두려워하지 마십시오. 토저라는 사람은 이렇게 말했습니다.

"큰 독수리는 홀로 날아갑니다. 큰 사자는 홀로 사냥합니다. 위대한 사람은 홀로 갑니다."

하나님은 하나님과 함께 가며 홀로 있음을 즐거워하는 사람을 찾으십니다. 하나님께서는 모세로 하여금 백성들과 함께 있게 하시기 전에 광야에서 홀로 있게 하셨습니다. 홀로 있음이 목표가 아니라 함께 있기 위해서 홀로 있게 하십니다. 디트리히 본회퍼는"홀로 있지 못하는 사람은 공동생활을 조심하도록 하라. 공동생활 속에 있지 않은 사람은 홀로 있기를 조심하도록 하라"고 말합니다. 또한 그는 "홀로 있지 못하는 사람과의 친교는 공허한 말과 감정에 빠지기 쉽고, 친교 없는 홀로 있기를 추구하는 사람은 공허한 깊은 구렁과 자기도취와 절망에 빠진다"고 말했습니다.

균형을 이루십시오. 오늘 우리에게 모세와 같은 광야는 없습니다. 광야는 단순히 특정 장소만을 의미하는 것은 아닙니다. 홀로 있을 수밖에 없는 고난의 현주소요, 내적상태일 수 있습니다. 하나님은 바로 그곳에서 우리를 만나시기 원하십니다. 함께 있기 위해서 홀로 있고, 홀로 있기 위해서 함께 있어야 합니다.

목자의 심정

우리 어린 시절에는 벌판의 소리를 들었습니다. 양이나 소를 끌고 나가면 풀벌레들이 발길에 스치고, 벌레들의 노랫소리가 제각기 어린 정서를 송두리째 사로잡습니다. 끌고 가는 소는 껑충 뛰면서 뒷발질을 하기도 하고, 고개를 저으며 침을 흘리기도 하고, 그 큰 눈을 더 크게 뜨고 멀리 풀밭이 있는 곳을 응시하기도 하다가가도 귀를 쫑긋 세우고 벌판의 소리에 한동안 빠지기도 합니다. 꼭 벌판을 묵상하듯이 지그시 눈을 감기도 합니다.

소를 몰고 나갈 때 마다 늘 제 마음이 그랬습니다. 오늘은 풀 많은 곳에 가서 좋은 풀을 먹여야 할 뗀데 … 먼저 좋은 곳을 찾어서 다른 친구들이나 동네 아저씨들이 오기 전에 우리 송아지 좋은 풀을 먹여야지 … 뚝방이나 산비탈에서 좋은 풀을 찾으면 소를 매어놓은 코뚜레에 매인 줄을 붙들고 그 자리에 시냇물을 바라보고 앉습니다. 그러면 소는 정신없이 풀을 뜯어 먹습니다.

얼마나 맛있게 먹는지 모릅니다. 옆에서 바라보는 저도 침이 나올 정도로 맛있는 소리를 내면서, 어적어적 소리를 내면서 눈을 지그시 감고 미소 띤 얼굴로 풀이나 푸른 초목을 먹는 것을 보면 소를 먹이는 작은 목자로서 얼마나 행복한지 모릅니다. 풀을 좀 먹다가 목이 마르면 옆에 흐르는 시냇물에 가서 소가 풀을 삼키면 넘어가는 소리가 너무 시원합니다. "꿀컥"하는 소리가 뜨거운 여름에 바가지로 물을 몸에 붓는 소리처럼 시원합니다. 풀밭에만 데려다 주면 가리지 않고 맛있게 먹는 우리 집 소 때문에 저는 너무 행복해서 학교 갔다 오면 꼭 소를 몰고 들판으로 나갔던 기억이 납니다.

이번 신앙부흥성회에 말씀의 풀밭이 펼쳐질 때 그 초장 위에서 즐거워하면서 맛있게 말씀을 풀을 먹는 하늘샘 토평의 양들을 보면서 목자로서 몹시 행복했습니다. 부흥회는 목자가 양이나 소를 이끌고 맛있는 풀을 먹여서 영육 간에 살찌우려고 또 다른 초장으로 인도한 것과 다름이 없습니다. 그런데 멀리 서울목동에서 왕복 두 시간 되는 거리를 밤. 새벽, 낮 빠지지 않고 사모하는 영으로 참석한 이제 막 주님의 양이 된 초신자도 있습니다. 휴가를 내고 초장으로 들어오신 분도 있습니다. 몸이 아픈데도 말씀의 초장에 자신을 맡긴 양도 있습니다. 그리고 그 어떤 즐거움보다도 이 시간을 구별하여 먼저 드린 순수한 양들도 있습니다.

어느 성회보다도 많이 모였고 즐거워하는 양들의 표정과 행복, 그리고 어떤 풀(말씀)이라도 맛있게 받아먹는 모습을 지켜보면서 목자로서 얼마나 행복했는지 모릅니다. 너무 행복해서 안 좋은 기억을 다 잃어버릴 만큼 행복했습니다. 우리가 자녀를 키울 때 밥을 잘 먹는 모습, 맛있게 먹는 모습 보면 행복하듯이 목자장이신 주님도 우리가 말씀의 풀을 맛있게 먹으면 행복에 겨워하십니다. 이 땅에 주님대신

목자로 맡긴 모든 목자들도 이 마음은 동일할 것입니다. 참 목자는
양을 늘 푸른 초장으로 안내하는 일에 대가를 지불합니다.

알라신

고대와 현대가 어우러진 카이로(애굽), 역사의 도시라기보다는 관광의 도시라는 느낌과 냄새가 납니다. 수많은 사람들을 수용하고, 토해내는 일들을 수없이 반복하다보니 쉼을 갖지 못해 좀 지친듯해 보이는 도시 카이로를 지나면서, 그래도 좁은 땅을 가진 우리나라보다는 왠지 자유스럽다는 느낌을 지울 수 가 없었습니다.

빌딩 사이로 4600년 전의 고대 피라미드가 보이고, 이집트의 생명의 젖줄기인 나일강이 중심을 관통하여 흐르고 있고, 도로에는 차선이 없습니다. 차량들 몸에는 백미러나 사이드 미러가 붙어 있는 차량이 별로 없는데도 차량이 빼곡하게 달리고 있고, 말도 달리고 있고, 자전거, 오토바이, 마차, 전차, 버스 등 도로에는 고대, 중세, 근대, 현대가 어우러진 종합형 삶의 방식입니다. 이렇게 해도 뒤나 옆을 보거나 한눈팔지 않고 내 갈 길만 가기만 하면 사고가 거의 일어나지 않는다고 합니다. 어떻게 생각하면 성경적인 사고방식 같기도 합니다. 신앙은 앞만 바라보고 가는 것이니까요.

차량사고가 나서 좀 흠이 나고 찌그러진다 해도 '인샬라' 인사하고 그냥 간답니다. 인샬라는 '알라 신의 뜻입니다'라는 뜻입니다. 기쁘든 슬프든, 어떤 일이 일어나든 '알라신의 뜻이니' 다 수용한다고 합니다. 가난하게 태어나서 길거리에 거지가 된다할지라도 가난을 불만하고 극복하려고 애쓰기 보다는 '알라신의 뜻'이라고 수용하고 당당하게 거지사업을 할뿐만 아니라 자손에게도 당당하게 거지의 운명을 물려준다고 합니다. 신앙은 좋은 것 같은데 발전은 늦습니다. 수용력은 좋지만 삶의 지혜와 분별력은 없다는 생각을 했습니다. 한편으로는 하나님의 뜻이라도 내 상황에 맞지 않으면 쉽게 벗어버리고 그 길을 걷지 않는 가벼운 지금의 우리 신앙에 대해서 생각해 보았습니다. 살아계셔 역사하시는 하나님에 대한 당신의 신앙의 현주소를요.

전체인구 5%가 기득권층으로 모든 부를 다 가지고 있어서 중산층이 없습니다. 나머진 다 서민입니다. 그런데 부자는 알라신의 뜻에 따라서 베풀고 구제할 의무가 있고 가난한 자는 부자로부터 받을 의무가 있다는 것입니다. 그래서 이들은 있는 자가 구제하는 것도 알라신의 뜻이니 싫어도 하고, 없는 자가 받는 것도 당당하게, 아주 당연하게 받습니다. 한 가지 예를 들면 가난한 사람 차량이 부유한 사람의 좋은 차를 충돌했다면, 가난한 사람이 "당신은 부자인데 베푸는 마음으로 그냥가라" 그러면 그냥 간답니다. 싸워 보았자 있는 자가 불리하니까요. 알라신의 뜻이라고 믿으니까요. 부자가 손해에 대한 돈을 달라 하면 가난한 자가 "없다" "알라신이 돈을 안주었는데 어떠하냐?" 그러면 끝입니다. 그래서 '거지근성' 이란 말이 나왔는지 모르겠습니다.

절대 신뢰의 신앙

고대 문명의 발상지 나일강, 사막을 관통해서 쉴 새 없이 유유히 흐르고 있습니다. 고대 이집트인들이 이 강을 신으로 섬긴 것은 그만한 깊은 연관성을 가지고 있습니다. 비가 전혀 오지 않는 나라이기 때문에 하늘을 쳐다볼 필요가 없고 이 강만 바라보아야 합니다. 일년에 세 번 이 나일강 물이 범람하는데, 그때 물이 농경지로 넘어와서 땅을 적셔주고 물을 저장하게 하는 것입니다. 그래서 하늘을 보는 신보다, 강을 보는 신, 땅을 보는 신이 생겨났는지 모르겠습니다.

이 나일강 물줄기는 정말 축복입니다. 아브라함도, 이삭도, 요셉도 가나안이 가물었을 때, 흉년일 때, 메마르지 않는 나일강 물줄기의 풍년이 있는 이 땅에 찾아 왔거나, 머물러 있었습니다. 요셉이 이 땅에 총리대신으로 통치하게 되었다는 것은 물의 권세, 생명의 권세를 검어지게 되었다는 것을 의미합니다. 문명의 시작, 축복의 발원지는 언제나 물의 풍족함입니다. 후에 가나안땅 중에 여리고가 젖과 꿀이 흐르는 땅이 된 것은 그 사막 땅에 생명의 물줄기가 흐르게 되었다는 것입니다. 그래서 모든 살아 있는 생명체들에게 물을 공급할 수 있었다는 것입니다.

나일강 북동쪽에 갈대상자에 담겨져서 떠내려가는 모세를 건져낸 곳으로 추정되는 고대 성터와 갈대숲을 보면서 바로의 공주가 이 아름다운 풍경에서 목욕하고 싶었던 충동과 모습이 잠시 그림처럼 스쳐갔습니다. 모세를 건져낸 구사일생의 현장인 듯 맞은편에는 마리아가 아기예수를 품에 안고 피난하여 숨었다는 곳을 기념하여 세운 교회가 서있습니다. 그 교회 지하 미로를 따라 들어갔는데, 피난한 모습을 그럴듯하게 재현하여 만들어 놓았습니다. 이곳에서 예수님의 그림자인 모세도 구사일생, 예수님도 구사일생 생각하니 우리의 구원도 정말 구사일생이 아닌가? 잠시 묵상해 봅니다. 우리도 예수님의 은혜와 사랑으로, 무조건 용서로, 구사일생 떠내려가는 죄악의 강물에서 건짐을 받은 하나님의 자녀입니다.

우리는 모든 환경, 사건, 불리함, 부족함까지도 알라신의 뜻이라고 수용하는 이들의 삶의 양식을 보면서 거짓 신에게도 그러하거늘 우리는 살아계신 하나님 앞에서 어떻게 살아가고 있는가를 생각해 보지 않을 수 없었습니다. 모든 것이 하나님의 뜻이라고 하는 절대 신뢰의 신앙으로 돌아갈 필요가 있다고 생각합니다. 그러면 좀 더 만족하고 행복할 것입니다. 오늘 아침 다른 곳으로 출발하려 합니다. 호텔에 여권이나 지갑을 두고 오면 영원히 찾을 수 없는 이유는 청소 아줌마가 객실 청소하다가 여권, 지갑, 돈을 보면 '알라신의 뜻(인샬라)입니다' 하고 자기 소유로 삼습니다. 그리고 주신 것은 알라신이니 절대로 안준다고 합니다. 아침에 바쁘게 서두르다가 호텔에 아내를 두고 올 뻔 했습니다.

가만히 서서...

역사는 분명히 하나님이 이끌어 가십니다. 하나님은 거룩하지 않은 역사는 언제든지 치워 버리셨고, 깨끗하지 않은 인물들은 그 권세나 힘이 오래 지속되지 않도록 높이셨습니다. 여호와를 경외하는 자를 높이셨다고 성경에서 말하는 것은 그가 하나님 앞에서 사람 앞에서 깨끗하다는 것입니다.

우리 역사도 분명 하나님이 정리해 가는 역사임을 이번 총선을 보면서 그 흐름을 느낄 수 있습니다. 이제 그 두터운 권위주의의 옷을 입고 거짓과 술수와 물권으로 가면 쓴 얼굴들은 역사위에 만유를 통치하시는 하나님이 심판할 수 있다는 교훈입니다. 또한 하나님은 젊지만 깨끗하고 정직하고 거룩한 요셉을 세워서 하나님의 통치를 했듯이, 경험의 유무에 상관없이, 노련함에 상관없이, 외모에 상관없이, 나이에 상관없이 중심이 깨끗하고 세워져 있으면 그 역사를 위해서 세울 수 있다는 교훈입니다. 그러니까 하나님의 역사에는 순서가 없는 법입니다.

고대 애굽에서 하나님의 백성들을 하나님이 구해내시는데 모세를 통하여 10가지 재앙을 내리십니다. 개구리, 이, 메뚜기, 전염병, 우박, 흑암 등 그 열 가지는 하나하나 그들이 섬기던 신입니다. 신에 대한 그들의 전통과 신의가 완전히 무너져 버린 것입니다. "그토록 섬겨왔던 신들이 어떻게 재앙을 내릴 수 있느냐" "자신들을 공격할 수 있느냐" 하는 물음을 던지고 회의에 빠질 수밖에 없는 상황이 된 것입니다.

하나님이 10가지 재앙을 내리신 것은 신들에 대한 승리를 선포한 것이요. 그들이 섬기던 신이 거짓이요 허구임을 선언한 것입니다. 그들의 신들의 패배는 무서울 수밖에 없고 두려울 수밖에 없는 사건입니다. 하나님이 한민족을 세우시고 하나님의 사람들을 세우시려고 할 때는 이렇게 완벽한 문화전술, 종교전술을 사용하시기도 하십니다. 하나님의 정치라 할까요?

이런 하나님의 정치가 숨어있는 애굽에서 광야를 거쳐 약속하신 땅 가나안의 여정을 밟으면서 만난 홍해 앞에서 잠시 기도했습니다. 건널 수 없는 바다도 하나님이 길을 내시니 건널 수 있었듯이 하나님이 길을 내시는 목회, 하나님의 길 따라 걷는 우리 양떼(성도)들 되게 해달라고 기도했고 앞으로의 비전을 위해서 모세가 했던 말을 인용해서 기도했습니다. 홍해 앞에서 불신으로 요동하는 이스라엘 백성들을 향해서 "너희는 가만히 서서 오늘날 여호와가 너희 하나님 됨을 알찌어다" 했듯이 "가만히 서서 나를 지킴으로 하나님의 역사를 눈으로 보는 경험의 그날에 설 수 있도록 은총을 베푸시옵소서" 라고 기도했습니다.

마라의 쓴물 샘물터에 와서는 모세가 막대기를 마라의 쓴물에 던져서 달게 했듯이, 마치 바닷물이 스며 나와 광야의 샘을 쓰게 하는 원인이 된 것처럼 한국교회에 스며든 세속의 쓴물을 달게 만드는 종이 되게 해달라고 성지에서 기도했습니다. "한국교회 영적인 쓴물을 달게 만드는 능력을 주옵소서." '가만히 서서'마침내 보는 믿음과 인내의 능력을 주옵소서.

화무십일홍(花無十日紅)

목회의 또 다른 감동 중에 하나는 영혼을 보내는 일입니다. 처음 목회에서 만난 강순원 집사님이 폐암으로 투병 하다가 제 무릎에서 피를 토하면서도 천사의 얼굴로 그 나라로 이사 간 일을 잊을 수 가 없습니다. 당신이 개척하신 교회를 마지막까지 손질하다가 헌신의 눈물자국만 이 종의 가슴에 던져 놓은 채, 이 종을 멍들게 해 놓은 채, 그냥 가버린 님이라고 많이 아파했었습니다.

그 이후에도 15년 목회하는 동안 직분고하를 막론하고 활짝 피었다가 어느새 떨어지는 꽃처럼 마지막 얼굴의 의미를 남겨 놓고 가신 분들이 많습니다. 가실 때 영생의 주인이신 예수님을 꼭 붙잡고 가게 해드린 분들도 많고, 눈물로 아쉽게 보낸 적도 있고, 가족보다도 제가 더 많이 울면서 보낸 양들도 있습니다. 중요한 것은 영원한 가치를 이 세상에서 준비한 영혼들은 놀라운 향기와 천사의 얼굴을 이 땅의 사람들에게 남겨놓고 간다는 사실에서 일치됨을 경험했습니다. 이 것이 예수 믿고 보장된 부활의 모습들이라고 생각했습니다.

얼마 전 한양대학병원에서 한 달밖에 남지 않았다고 폐암 말기를 선고 받은 이강희 성도는 그가 성도가 되기 전에 이 종의 전도 받고 세례 받고 "이렇게 좋은 예수 왜 내가 진작 몰랐느냐"하면서 폐와 세포와 살이 녹아내리는 심한 고통 중에도 "아이 좋다. 아이 좋아라" 하다가 고통을 조금 느끼고 한 달보다 훨씬 빨리 주님 곁으로 가셔서 쉬시게 되었습니다. 그가 만일 예수를 몰랐다면 정말 화무십일홍 이었을 것입니다.

며칠 전만 해도 벚꽃과 개나리, 진달래, 목련 등이 눈부시게 피어 있었습니다. 그런데 봄비가 내린 후 꽃잎들은 모두지고 연한 녹색을 띤 새순이 눈길을 끕니다. 화무십일홍(花無十日紅). 참 맞는 말입니다. 아무리 아름다운 꽃도 열흘 이상 그 자태를 유지하기란 쉽지 않습니다. 우리네 인생의 이치도 마찬가지입니다. 어떤 절세가인일지라도 그 아름다움은 젊은 날의 순간이며 그 어떤 영웅호걸도 한때일 뿐입니다. 인생의 영광은 떨어지는 꽃과 같으며 이 세상의 모든 것은 다 지나가는 것들에 불과합니다. 그러나 영원한 것이 있습니다. 세상의 어떤 것과 비교할 수 없는 절대가치를 지닌 것입니다. 그것은 바로 주님의 말씀(벧전 1:24)과 그 말씀대로 사는 성도(요일 2:17)입니다. 잠시 머무를 세상 사람들과는 달리 우리 그리스도인들은 영원한 삶을 살며 그 가치를 지닌 존재들입니다. 순간의 즐거움을 떠나 영원한 세계를 사모하며 살아야겠습니다. (모든 육체는 풀과 같고 그 모든 영광이 풀의 꽃과 같으니 풀은 마르고 꽃은 떨어지되 오직주의 말씀은 세세토록 있도다. 벧전 1:24)

작은 영성, 작은 행복

오랜 시간들을 쫓기면서 살아왔던 것 같습니다. 분주했고, 마음 빼앗겼고, 여유도 잃었습니다. 그리고 고뇌했습니다. 한계상황에 부지하면서 두 손을 들었지만 결국 하나님의 속도는 빠르지 않았고 급하지 않았습니다.

언제나 큰 것에 대한 집착과 미련 때문에, 또 그것에 대한 성취감이 늦는 것 때문에 심장이 아팠고 작은 것들에 대한 소중함을 많이 잃고 살아왔던 것 같습니다. 이 작은 것들의 행복이 삶을 만들어 가는 세포 같은 역할임을 큰 것에 가려 잊혀졌던 것이 아닌가 생각해 봅니다. 어떻게 보면 작은 것들에 대해서 세밀한 것, 그것이 영성이 아닐까도 생각해 봅니다. 이를테면 아이들이 노는 것을 보고도 마음이 깨끗해지고 단순해지고 그들을 웃음을 웃을 수 있는 것, 풀 한포기를 보고도 생명의 경이로움 빠질 수 있는 것, 꽃 한 송이에 깊이 빠져서 큰 꽃밭에 파묻힌 행복에 젖어 보는 것, 한 사람을 만나도 너무 진지하게 그 속에 있는 영혼의 손짓을 느낄 수 있는 것, 뭐 이런 작은 것이 영성이 아닐까 생각합니다.

아내가 기도원으로 금식 떠나고 참으로 오랜만에 아이들과 함께 하는 작은 여유, 작은 행복, 작은 나눔을 가져 보았습니다. 새벽기도 말씀을 지어 나가면서 아이들의 밥걱정, 등교 걱정에 생각을 빼앗겨 어두컴컴한 응접실을 더듬다가 안경이 손에 잡혀서 쓰고 나가는데 몹시 현기증이 나고 어지러워서 "이상하다. 무리해서 몸에 이상이 왔나!" 하면서 현관을 나가다가 다시 들어와서 불을 켜고 거울을 보니 큰딸의 안경을 쓰고 있는 것이 아닙니까, 내 눈을 쓰고 나가야지 딸의 눈알을 끼고 가니 앞이 정신없이 보일 수밖에요.

막 지어낸 말씀의 밥으로 양들을 먹인 후에 집으로 뛰어 들어와서 압력밥솥에 물을 붙고 밥을 하는데 오랫동안 끓기만 하고 밥이 되었다는 신호가 오지 않아 불을 줄이고 솥을 여니 주위는 까맣게 타고 가운데만 부드러운 죽 밥이 되어 있었습니다. 찹쌀이 아닌데도 찹쌀처럼 끈적끈적하고 짝 달라붙는 밥이 되었습니다. 보미가 "아빠 이거 찹쌀이야" "아냐 아빠는 돈 안들이고 찹쌀을 만들어 먹어. 아빠는 찹쌀을 사서 먹는 사람이 이해가 안가. 만들어 먹으면 되지 ……." 신기한 듯이 아빠를 바라봅니다.

솥에는 누룽지가 너무 까맣게 눌러서 먼저 따뜻한 불을 붓고 한 20분 동안 기다렸다가 주걱으로 긁어서 물에다 세 번을 빨아서 다시 솥에 넣고 끓이니 쫄깃쫄깃한 누룽지와 숭늉이 되어서 그렇게 차진 누룽지 섞인 숭늉을 처음 먹어 보았습니다. "아빠가 개발한 거야? 되게 맛있다!" 속으로 대답했습니다. "맛있게 먹어라. 안 죽는다!"

아이들은 아빠 재미있다고 활짝 웃으며 행복한 얼굴을 아빠의 가슴에 던져 주고 학교에 갔지만 내내 아이들한테 미안해서, 설거지라도 깨끗이 해놓고 아이들 방도 정리해 보았습니다. 공부하느라 깊은 밤까지 시름하다 간 아이들의 흔적 때문에 눈물이 핑 돌았습니다. 작은 손이지만 가정의 꼭 필요한 손인 아내의 손길이 그리워집니다. "여보! 기도 빨리하고 내려와!"

조금만 더...

시대적 어두움과 그늘 그리고 갈등과 낙심의 구름들이 요즘을 살아 가는 사람들에게 맡을 수 있는 냄새입니다. 가을 교구 심방은 왠지 무거운 짐을 한껏 짊어지고 와서 마음껏 던지고 마음껏 울어 보고 싶은 사람들의 몸부림처럼 다가 왔습니다. 교우들의 간절함과 눈물 속에는 그들을 괴롭히는 크고 작은 사건들을 안고 여기까지 왔음을 온몸으로 느끼지 않을 수가 없었습니다.

죄가 없이도 사회구조가 불안하고 흔들리고 힘겨우면, 가장 먼저 영향을 받는 사람들이기에 그 어깨가 너무 힘겨워 보이고, 그 얼굴이 너무 충격적이고 창백해 보입니다. 이들을 늘 바라보는 이 종이 할 일은 오직 한가지였습니다. 머리와 어깨를 힘 있게 눌러주고 "복에 복을 더하사..." 축복을 빌어주고 함께 울어 주는 일입니다. 그리고 "괜찮아, 힘내요" 하고 등을 두들겨서 보내는 일입니다.

오늘은 아침부터 그렇게 기도했습니다. "하나님! 그 많은 기적을 두었다가 어디에 쓰시려구요?" "어떤 사람은 다리하나 잘빠진 것 때문에 사진 한방 찍고 20억을 받았다는데 의로운 사람들의 몫은 어디 있나요?"

삶으로 달려가느라 교구심방을 받을 수 없어서인지, 이른 새벽 두 집사님이 헌금봉투를 들고, 거기에 사연을 적어서 목양실로 들어 왔습니다. 그리고 무릎을 꿇었습니다. 안수해 주는데, 그 사람들의 문제가 심장에 박히듯 너무 아팠습니다. "주여 그러시면 차라리 나를 사랑해서 물과 피를 다 쏟으신 주님의 심장처럼 아프게 해 주소서. 제가 아픔으로 그 아픔을 다 가지고 갈 수 있다면 좋겠습니다." 눈물만 뿌려놓고 가시는 두 집사님의 뒷모습을 보면서 오랜만에 한동안 울어 보았습니다. 그 뒷모습이 우리 교우들의 뒷모습이라 생각했습니다. 아무리 힘겨워도 하나님만 얼굴 돌리시지 않으신다면 우리는 희망이 있습니다.

한번 생각해 보십시오. 우리가 사는 이 세상이 어떤 곳입니까? 최고의 영화를 누렸던 솔로몬은 이 세상을 일컬어서 일평생 근심과 수고로 얼룩진 슬픔의 현장이라고 했습니다. 우리보다 훨씬 더 형통한 삶을 살았던 솔로몬도 이 세상을 슬픔의 현장으로 보았습니다. 바울은 이 세상을 피조물이 함께 탄식하면서 고통 하는 곳이라 정의 했어요. 온 우주만물이 고통하고 탄식하는 현장에 태어난 사람이 어떻게 고통을 모르고 생을 마칠 수 있겠습니까? 스가랴는 이 세상을 어둠과 죽음의 그늘이 깃들여진 곳이라 했습니다. 이런 세상에서 고통을 피할 수 있다고 생각하는 사람은 철없는 어린아이와 다를 바가 없습니다.

그러나 이 사람들의 결론은 하나님을 기억하며 사는 것입니다. 하나님만 진정으로 의지하고 사는 것입니다. 온갖 좋은 것은, 영원한

행복은, 진정한 평안은 하나님에게 온다는 것은 인정하는 것이 지혜
의 근본이라는 것입니다. 잠잠히 기다려 봅시다. 조금만 더 가까이
하나님에게 가봅시다. "사람이 여호와의 구원을 바라고 잠잠히 기다
림이 좋도다" (애 3:26)

성도를 위한 목양기도

자비로우신 하나님, 감사합니다. 또 주일을 열어주시고 주 앞에 나와 말씀을 받게 하시니 감사합니다. 우리 속에 주의 음성으로 채우게 하심을 감사합니다. 그 배에서 생수의 강이 흘러나게 하시는 성령의 에너지를 공급받게 하시니 감사합니다.

하나님 저희는 지금 위기의 시대를 살아가고 있습니다. 정치와 경제의 위기, 테러와 전쟁의 위기, 질병과 가정 붕괴의 위기, 신뢰의 위기, 생존의 위기 등 우리의 삶을 강타하는 수많은 삶의 위기가 우는 사자같이 우리를 삼키려고 덤벼들고 있습니다. 이 위기의 시대에 역사를 세우기도 하시고 폐하기도 하시는 흥망성쇠를 주관하시는 하나님께로 올라가는 열정, 하나님을 향하여 서는 아름다운 모습 때문에 하나님이 내 속에 선물로 채워주시는 성령의 힘으로 위기를 축복의 기회로 만드는 열매가 있게 하여 주옵소서.

오늘 주일아침, 불어오는 성령의 바람 때문에 말씀이 심령 골수에 박히게 하시고, 가슴을 찢는 회개가 일어나게 하시고, 회복의 아침을 맞이하게 하시고, 모든 인간관계의 벽, 교만의 벽이 헐어지게 하시고 우리를 가슴앓이하게 하고 사정없이 아프게 했던 고민과 문제들이 산산 조각나게 하여 주옵소서.

하나님의 교회와 성도의 삶까지 깊이 침투한 세속의 거센 바람도 거룩한 주일에 부는 성령의 바람으로 세속의 바람은 밀려나게 하시고, 소멸되게 하시고 모든 가정마다, 삶의 현장에 하나님의 제단이 수축되는 회복이 일어나게 하여 주옵소서. 그리하여 온 성도가 거룩의 물결로 능력 있게 시대를 주도하며 사명 감당 할 수 있도록 도와주시옵소서. 우리 삶 속에 궁극적인 승리를 주실 주님을 바라보며 걸어 갑니다. 아버지 하나님, 인생의 캄캄한 밤, 환난의 어두운 골짜기를 걸어가면서도 하나님을 경배했고, 그 하나님께 기도를 끊이지 않았고 찬양을 올렸던 다윗의 영성을 우리에게도 주옵소서.

주님이 세상을 이기셨기에 우리도 이길 수 있습니다. 지금까지 내게 넘어짐이 있었다 할지라도 그래서 내 무릎에 피가 맺혀있고, 이 모습 이대로 나왔을 지라도 내 손잡아 일으키시는 그 하나님의 자비하심을 만나고 새 출발하는 예배되게 하옵소서.

성령이여 임하시옵소서. 이 자리에 모인 모든 성도들이 말씀을 들을 때 진동과 몸부림이 있는 깨달음과 회개가 있게 하시고 성령의 바람으로 우리의 속과 겉을 새롭게 하시고 다시 세워 주시는 거룩한 능력에 접촉되게 하여 주옵소서. 세우신 이 종의 영성의 흐름을 붙드셔서 양보할 수 없고 포기할 수 없는 하나님의 핵심, 말씀의 본질이 그대로 나타나는 생명력이 있는 예배되게 하옵소서.

성도는 영생의 나무

산에 오르면 가슴이 펴집니다. 산에 오르면 수준 낮은 것에 대한 고민과 염려를 잠시 잊습니다. 원망도 잊혀지고 불평도 잊혀집니다. 그래서 어릴 때부터 가슴이 답답하면 뒷동산에 뛰어올라가서 소나무 위에 있는 비둘기 집을 바라보면서 마음에 평화와 고요함을 찾아서 돌아온 적이 많습니다.

며칠 전 부목사님과 풍 전도사님을 데리고 오후 일과를 일찍 끝내 놓고 정신없이 용문산에 올라갔습니다. 아름다운 풍경이나 그림을 영혼에 채워 넣는 것만큼 행복한 일이 없이 때문입니다. 하나님의 크심과 아름다움, 솜씨를 우리 속에 채워 넣으면 저절로 찬송이 나오고 기쁨이 나오고 감사가 나오기 때문입니다. 흐트러진 마음, 목적지향에 대한 경쟁심과 힘겨워서 여유 없는 마음에서 나오는 불평을 하나님의 크신 가슴에 던져 버릴 수 있기 때문입니다.

용문산에 오르면 생명력 있어 보이고 건강해 보이는 은행나무가 떡 버티고 내려다봅니다. 웬만한 외파에는 끄떡하지 않을 만큼 강해 보입니다. 천년을 서있어도 끄떡 하지 않는 생명력과 저력이 어떻게 유지 될 수 있었을까요?

물론 은행나무 자체에 생명력도 있다고는 하지만 마치 주름살 없이, 병든 곳 별로 없이 깨끗하게 자신을 지켜온 세월의 비결은 무엇일까요? 이 나무를 가꾸는 사람들이 있었습니다. 이 나무를 살리기 위한 과학이 있었습니다. 주치의가 동원되었습니다. 수백 명의 영양사가 동원 되었습니다. 이 한 생명을 살리기 위한 식물학자들의 연구가 있었습니다. 의사들이 있었습니다.

그러니까 이 은행나무 한 생명을 살리기 위해 오랜 세월동안 애정과 사랑을 쏟아 부은 것입니다. 과학, 식물학자, 영양사, 주치의, 식물연구가 다 동원되었어요. 그것도 모자라 지금도 일 년에 한 번씩은 종합건강진단 합니다.

여러분보다 낫지요. 이처럼 사랑해서 생명을 건강하게 이어가는 겁니다. 그러나 이 생명은 이런 노력에도 불구하고 영원히 이어가지는 못합니다. 그런데 사람들은 사람들의 영생에 대해서는, 생명에 대해서는 지나치게 소홀 합니다.

그러나 하나님은 그렇지 않으십니다. 하나님은 세상을 사랑하셨어요, 그런데 세상은 사랑받을 만큼 깨끗하지 못했습니다. 하나님의 뜻을 거역하고 수없이 불순종했습니다. 더러운 죄악의 물결이 흐르게 했습니다. 하나님이 사랑하시는 세상은 죄악 된 세상이 되어 버리고 말았습니다. 하나님은 세상과 우리를 살리시려고 수없이 선지자들을 보내시고, 독생자 예수님을 보내셔서 그 분이 십자가에서 물과 피를 다 쏟아주셔서 대속하심으로 우리는 구원받고 영원히 살게 되었습니다. '영양제'가 아니라 그 분의 '영생제'를 맞았습니다.

이 말씀 이루신다면

여호와의 말씀에
여호와 하나님의 사심을 가리켜
맹세하시는 말씀,
너희 말이
내 귀에 들린 대로
내가 시행하리라

이 말씀을 이루신다면
된다고 말할 때
모래바람을 헤치고 오는
전차처럼 당신은 오실 것입니다

이 말씀을 이루신다면
감사하다고 말할 때
감사한 생각이 눈까지 넘쳐
눈물을 이루고, 강물을 이루어

더 크게 감사할 일들이
꼬리를 물고 달려 올 것입니다.

이 말씀을 이루신다면
아멘이라고 말할 때
공허와 혼돈에 휩싸인
어둠과 무질서를 밀어내고
빛과 전능자의 말씀으로
빚어내시는 미래와 기적이
주렁주렁 열릴 것입니다.

이 말씀을 이루신다면
당신을 사랑한다고 말할 때
당신이 내안에 거하고
내가 당신 안에 거하는
포도나무에 붙은 가지처럼
나무가 젖을 짜내어 만들어
내는 열매로 새날을 열 것입니다.

행운목, 그리스도

'러키트리(Lucky Tree)'라는 나무가 있습니다. 우리가 쉽게 행운목이라고 부르는 나무입니다. 이 나무는 아시아나 아프리카 열대지방에 자생하는 식물입니다. 원목으로 수입되어서 일정기간 키운 뒤에 관상용이나 선물용으로 판매됩니다. 우리나라와 기후가 다른 열대에서 자생하기 때문에 국내에서는 행운목 꽃을 구경하기 사실은 힘듭니다. 그래서 꽃을 보면 커다란 행운이 온다는 속설로 유명합니다. 이런 속설 때문인지 사람들은 개업집이라든지, 집을 지었다든지, 축하행사에 이 행운목을 선물합니다.

참으로 이상한 일은 이 꽃은 주기적으로 피는 것이 아니라 10년에 한번 또는 일평생 한번밖에 볼 수 없다는 말이 있을 정도로 꽃을 보기에 드문 일인데 현대 야구단이 3년 전 2000년에 LG로부터 행운목을 선물 받았습니다. 그런데 그해 시즌 시작을 앞두고 행운목이 꽃을 피웠답니다. 그런데 그해 한국시리즈를 우승했습니다. 그리고 그동안 잠잠하던 행운목 꽃이 올해 4월 시즌 직전에 꽃이 피었습니다. 그래서 올해 2연패를 기대했는데 한국시리즈에 질 듯 하다가 또 2연패로 우승했습니다. 신기한 일입니다.

제 생각에는 꽃에 어떤 신비나 마력이 있는 것보다 그 꽃을 보고 선수들이 우승할 것이라는 신념과 긍정적 마음을 갖게 되었지 않았나 생각합니다. 어려움 중에도 어떤 희망을 붙들고 갔기 때문에 우승하지 않았나 싶습니다. 어쨌든 그 꽃이 어두운 마음을 밝게 하고, 낙심된 마음을 끌어 올려주고, 힘겨운 선수생활에 향기가 된 것은 분명합니다.

낮에는 웅크리고 있다가 밤에 활짝 피워 은은한 향기를 발해 '야화'(夜花)라고 불려지기도 합니다. 밤에 피는 꽃입니다. 밤을 밝히는 꽃입니다. 밤일 수록 향기 나는 꽃입니다. 얼마 전 부모님 집에 피웠을 때도 그 꽃을 보려고 밤에 가서 그 향기를 맡았어요. 저도 어둠을 밝히는 밤에 피는 꽃을 노래한 '야화'라는 노래를 참 즐겨 불렀던 기억이 납니다. 그리고 깊은 밤, 내 영혼이 피어나기 위해서 하나님 앞에 몸부림 쳤던 시간들이 기억납니다. 어두운 시대에 내 영혼이 어두운 세상에 향기가 되게 해달라고 기도했던 기억들이 새롭습니다.

예수님은 어두운 세상에 피어난 꽃입니다. 예수님은 죄로 어두워지고 억압으로 어두워지고, 양심과 도덕으로 어두워진 시대에, 절망의 시대에 육신의 몸을 입고 피어나신 야화 이십니다. 빛이신 그분은 어둠을 환하게 밝히는 꽃이셨습니다. 그 향기는 세상에 더럽고 추한 냄새를 송두리째 몰아내는 거룩한 향기 이셨습니다.

행운을 몰고 오는 행운목 이상이셨습니다. 행운이 아니라 그 향기를 맡으면, 그 꽃과 만나면 운명이 바뀌고, 삶을 완전히 바뀌게 해주는 하늘의 행운목 이셨습니다. 그래서 역사 이래로 육신의 몸을 입고 피어나신 예수 그리스도를 붙들고 갔던 사람들, 나라, 문화, 정치는 눈부시게 빛났습니다. 승리했습니다. 운명이 바뀌었습니다. 역사가 아무리 절망스럽더라도 희망이신 그분을 지금도 붙들 그분은 행운이 아니라 기적으로 우리를 몰고 가십니다. 우리는 사람들의 삶의 터전과 일터에, 또는 축제의 자리에 보이는 행운목이 아니라 진정한 행운목이신 예수그리스도를 선물하고 오는 참 그리스도인이 되어야 하겠습니다.

이 산지를 내게 주소서

이 땅에 산들은
이 땅에 바벨탑은
우리의 숨통을 틀어쥐고 있다
어떻게 뛰어야 할 것인가를…
생각하기 전에 숨을 쉬어야 한다.
기도로 숨 쉬려고
오랫동안 닫혀 있어
검은 녹물 떨어지는
창문을 활짝 연다.

저 눈 앞에 펼쳐 있는
저 밭에
씨를 뿌려야 한다.
무수히 많은 씨를
반복하고 또 반복해서 뿌려야 한다.
믿음으로
얼굴로

눈으로

언어로

가슴으로 씨를 뿌려야 한다.

반복하고 또 반복해서 뿌려야 한다.

"이 산지를 내게 주소서."

진리의 씨는 생명의 씨

진리의 씨는 반드시 난다

진리의 씨는 반드시 터진다.

길가

돌밭

가시떨기의 땅일지라도

비바람 뙤약볕

온 몸에 맞으며

그 밭이

눈물 밭이 되고

땀 밭이 되더라도

부수어 옥토로 만드는

성령님의 손길과 함께

진리의 씨를 계속 뿌려야 한다.

"이 산지를 내게 주소서."

갈수록 깊은 사이

이 세상 처음으로
성령님이 제 곁을 찾아오시는
숨소리를. 걸음을
온 몸으로 느낄 때
성령님과 저는 하나였습니다.
해와 달과 별도
따로가 아니었고 하나였습니다.
새들과 나무와 풀, 시냇물도
여럿이 아니었고 하나였습니다.
내가 그들 속에 있었고
그들이 내안에서 살고 있었습니다.
우리는 하나였습니다.
같이 하나님을 노래했고
같이 하나님을 향하여
외양간에서 나온 송아지처럼
달려가고 또 기뻐 뛰었습니다.

어느 때부터 인가,

이 땅의 소리에 귀를 빼앗기더니

성령님의 속삭임이

잘 들려오지 않았습니다.

우리는 흩어지기 시작했지요.

서서히, 서서히, 점점 더

해와 달과 별은 내가 아니었고

새와 나무와 풀, 시냇물도

내가 아니었습니다.

깊은 외로움으로 내 마음에

아주 깊은 구멍이 났습니다.

사랑이 깊어질수록 당신이 필요합니다.

성령님, 당신으로 채워지지 않으면

당신의 속삭임 듣지 못하면

오시는 당신의 걸음 듣지 못하면

나는 계속 흩어지고

아주 오랫동안 외로울 것 같습니다.

그러니, 다시... 어떻게....

너그럽게 오시면 안 될까요.

갈수록 깊은 사이인 것은 분명한데.

내 새끼니까

자녀를 키우시는 분들의 행복은 아주 작은 데서 발견하는 큰 행복입니다. 아무리 속 썩이고 말썽 일으켜도, 또 욕심이 가득한 얼굴로, 자기만 아는 이기적인 생활을 한다고 할지라도, 밥상을 차려놓고 밥을 먹을 때, 제 새끼 뱃속에 밥이 들어가는 것을 보면 흐뭇하고 행복한 것이 부모 된 심정인가 봅니다. 시어머니나 남편이나 아내나 형제라고 할지라도 속 썩이고 밥을 먹으면 그 모습이 그렇게도 보기 싫다고들 하는데 제 새끼는 아무리 속 썩인다 할지라도 잘 먹는 모습이 그렇게도 흐뭇하고 예쁜 법입니다.

지난주 2005년 성령축제를 성령님의 공급하심으로 거룩한 음식을 뷔페로 먹었습니다. 다양한 강사들의 독특한 음식으로 외식하는 양들의 모습이 너무 행복해 보였습니다. 교우들을 영적인 자녀라고 생각한다면 고집이 있는 사람이나 자기 뜻이 강한 사람이나 감정적인 사람이나 돌발적인 사람이나 교만한 사람이나 불순종하는 사람이나 잘 토라지는 사람이나 변덕이 강한 사람이나 모두 모두 말씀 잘 먹는 모습이 그렇게도 예뻐 보였습니다. 흐뭇했습니다. 하나도 미운 사람이 없고 가슴이 아프도록 사랑스러우니 웬일입니까?

주님이 목자인 저에게 선물해 주신 마음이기도 하지만 한마디로 말한다면 '내 새끼'이기 때문입니다. 영적인 자녀이기 때문입니다.

바울이 양들을 해산하는 고통으로 사랑한다고 고백했듯이 양들을 가슴 저미도록 사랑하는 아픔이 이 종에게 전달되는 것을 느끼면서 저도 주님 앞에서 잘 먹는 자녀가 되어야겠다는 생각을 했습니다. 제가 목자장이신 주님의 양식을, 신령한 양식을, 말씀을 잘 먹어야 주님이 그 모습을 보면서 기뻐하시고 흐뭇해하실 것이라 하는 생각을 하면서 "내가 잘 먹어야 내 양들(내 새끼들)이 내가 요리한 영의 양식을 잘 먹지!"라는 생각에 젖어 보았습니다.

미운 사람은 밥을 많이 먹는 모습을 보면 더 밉습니다. 그러나 사랑하는 사람은 밥을 잘 먹고 많이 먹으면 더 사랑스럽습니다.

어릴 때 사촌 동생 둘이 우리 집에 와서 한동안 생활했습니다. 자녀를 데리고 생업 할 수 없기 때문에 가끔 우리 집이 큰집이니까 맡겨 놓고 할머니 곁에 있게 했습니다. 식구들이 많으니까 청국장 하나를 끓여 놓아도 서로 경쟁입니다. 청국장 안에 들어있는 고기 조각들이나 두부, 김치, 잘 익은 무 조각, 먼저 많이 꺼내 먹어야 되기 때문입니다.

그러면 나보다 먼저 내가 건져 먹으려고 했던 것을 사촌 동생들이 먼저 건저 먹으면 그렇게도 밉고 화가 났습니다. 미우니까 먹는 모습도 밉습니다. 그러나 할머니는 너무 좋아하시고 흐뭇해하십니다. 내 새끼니까요. 내 손자니까요.

우리가 모든 관계에서 내 사랑이니까, 내 몸 같은 사람이니까, 내 새끼니까 생각한다면 모든 것이 수용되고 이해됩니다. 계산이 없어집니다. 이번 신년 성령축제는 내 양, 내 새끼를 새로 발견하고 찾은 눈물겨운 시간들이었습니다.

눈부신 나라에서

-권사 취임 축시-

그 겨울

가장 추운 바람이 불어올 때

바람은 알고 있었습니다.

바람보다 그대가 더 춥다는 것을..,

바람은 듣고 있었습니다.

바람의 울음소리 보다

그대의 울부짖음이

훨씬 더 길고 깊다는 것을..,

그 눈물 때문에

하나님은 웃었고

그대는 하나님의 손에 들어가

다듬어지고 벗겨져서

당신의 도구로 만들어진 그날,

이렇게 그대를 세우셨습니다.

내가 너를 지명하여 세웠나니

너는 내 것이라

자지러지게 웃을 수 있는
꽃들의 교만과 자유로움을 뒤로 하고
제비꽃처럼 봄의 빛과 영광이 비추어도
흑백 그늘에 들어가듯
고개 숙이고 내내 울고 있는
계산되지 아니한 그대의 순수함이
하나님 마음에
가장 아름다운 꽃을
깊이 심어 놓은 것 같습니다.
그러나 그대의 꽃은 잠깐이요
손바닥 길이만큼
아침 안개 피었다가 지는 시간만큼
밤의 경점만큼 피어 있는 것이요.
그러니, 가장 아름다운 꽃으로
가장 최선의 꽃으로
가장 충실하고 성실한 꽃으로
가장 정직하고 거짓 없는 꽃으로
가장 향기 나는 꽃으로
가장 많은 사람을 움직인 꽃으로
겸손하게 피었다가

강물에 저녁햇살 부서지면
눈부신 보석들이 살아나듯이
눈부신 나라에서
눈부신 상급으로 살아나십시오.

당신의 그 모습이
눈부신 나라에서 해같이 빛나리.

떨리는 사랑

한 주간 동안 거의 매일 사우나에 갔었던 적이 있습니다. 쉬기 위해서 간 것은 아닙니다. 때가 매일 나와서 간 것도 아닙니다. 고난주간의 의미 때문에 갔습니다.

내 안과 밖을 다 닦는 의미로 갔습니다. 주님을 물에 온몸을 물들이듯이 그 피에 물들여 보고 싶어서 갔습니다. 그런데 목요일 저녁이었습니다. 한 80대 노인정도 보이는 한 할아버지가 50대정도 보이는 사람의 때를 밀어주고 있는 광경이 제 눈에 박혀 눈을 떼지 못하고 바라보았습니다. 가만히 보니 아버지가 아들을 닦아주고 있는 모습입니다. 50대 아들은 술에 취해서 얼굴과 온몸이 붉어 보입니다. 아들의 때를 밀어주고 있는 노인의 모습은 보기에도 힘들어 보였는데 행복해 보였습니다. 몸은 껍데기 밖에 남지 않은 작은 몸체로 아들의 때를 밀고 있는 모습을 보니 감동이 되지 않을 수 없었습니다. 앙상하게 드러난 뼈, 그 몸을 받쳐줄 엉덩이조차 없는 연약한 노인이 아들의 때를 온힘을 다해 밀면서 행복해 하는 모습니다. 나이가 많아서 아들은 철이 없어 노래만 부르고 앉아 있습니다. 그러나 아들에 몸에 때 타월을 대는 아버지의 손은 떨리는 손입니다. 떨면서도 행복합니다.

당신의 아들이니까요.

거기에서 저는 우리 주님의 십자가가 묵상되어졌습니다. 십자가 지고 골로다 언덕으로 오르시느라 기진맥진하신 주님, 채찍에 맞아 몸도 걸레처럼 찢어진 그 모습으로, 양팔과 양발에 못 박히신 채로, 가시 면류관 쓰셔서 피가 계속 흘러내리는 모습그대로 힘겹고 고통스럽고 아파하시면서도 십자가 위에서 끝까지 내려오지 아니하시고 죄와 불순종으로 술 취한 나를 끝까지 당신의 피로 닦아 주신 것입니다. 내 안과 밖을 닦아 주신 것입니다. 닦아 주시기 위해서 목숨까지 버리셨습니다. 그것도 모르고 아들은 아직도 철이 없습니다. 제멋대로 입니다. 제 생각대로 삽니다. 그래도 닦아 주십니다. 사랑하는 자녀니까요.

성경은 우리를 핏값을 주고 산 자녀라고 말합니다. 주님의 보배로운 피를 흘려 영영 죽을 죄에서 구원받은 우리를 지금도 닦아주십니다. 이 세상 끝날 까지 닦아 주실 것입니다. 또 주님을 배신하고, 떠나고, 불순종하고, 죄를 마시고, 쾌락을 마시고, 세속으로 완전히 물든 모습으로 다시 십자가 앞에 엎드리면 말없이 닦아 주십니다. 반복하여 죄짓고 돌아 올 때마다 닦아 주십니다. 그분이 핏값을 주고 사신 자녀니까요.

닦아 주시는 주님의 손을 떨리는 손입니다. 피 묻은 손입니다. 따뜻한 손입니다. 나에게 생명의 기운을 불어 넣으시는 부활의 손입니다. 나를 너무 사랑하여 나를 너무 만지고 싶어 하시는 손입니다.

얼마 전 어머니께 갔더니 아무 말 없이 자꾸 내 손을 만집니다.

문질러 보기도 하고 꽉 잡아 보시기도 하십니다. 병 때문에 몸에 기력이 없어서인지 떨면서 문지르고 계세요. 사랑하니까 좋으신 거예요. 부활하신 주님은 지금도 오셔서 자꾸 문지르시고 닦아주십니다. 그러면서 그냥 좋으신 거예요. 핏값을 주고 산 새끼니까요. 십자가 고난을 이기신 그분이 우리에게 부활을 선물해 주셨습니다.

나무와 목회

식목일 즈음에 생각나는 일들이 많습니다. 그중에 나무 심는 일은 목회에 주체처럼 끊임없이 따라 다녔습니다. 나무 심는 일은 희망을 심는 일이기에 가슴이 늘 뛰었던 기억이 되살아납니다. 첫 목회 때 장호원 복숭아 향기 가득한 복숭아나무로 늘어선 땅에서 목회를 하면서 봄이면 그 꽃향기와 여름이면 그 열매의 향기에 푹 취해 살았습니다. 그래서 그냥 웃음이 나왔고 그냥 흥분했었고 무조건 희망에 부풀어 있었습니다. 자신 없는 일이 없었고 무조건 좋게 생각했습니다. 목회나 사람들 다 아름다워 보였습니다. 복숭아 살처럼 희고 연하고 겸손하게 보였습니다. 복숭아를 배가 불록 튀어 나오도록 먹어도 싫증나거나 지치지 않는 그 맛처럼 사람들이 맛있고 싫증나지 않았습니다. 이것이 복숭아나무가 나에게 선물한 희망이었습니다.

또 기억하기는 유독 장호원 '나래리'라는 마을은 향나무가 많았습니다. 향나무에 담긴 사연은 아직도 저를 눈물짓게 합니다. 폐암 투병하시는 강 집사님과 함께 당신 밭에 있는 향나무를 하루 종일 거의 다 캐내었습니다. 함께 삽으로 나무를 캐어내면서 희망을 캐는 것처럼 행복했습니다. 교회적으로는 부흥을 캐내는 것만 같았고, 강 집사님에게는 건강과 회복을 캐내는 것 같은 행복과 희망에 겨웠습니다. 저는 힘든 줄도 몰랐고 강 집사님은 아픈 줄도 몰랐습니다. 희망 때문에 모든 힘겨움을 잊었습니다. 모두 다 캐낸 후에 강 집사님이 숨 가쁘게 저에게 말씀하십니다. "전도사님! 이 향나무, 전도사님 모두 드릴테니 교회와 주택 아름답게 만들어 보시유."

다음날 강 집사님과 저는 삽을 들고 향나무로 교회 화단을 만들고 울타리를 만들었습니다. 그리고 저녁나절 주택 울타리를 꼭 탑과 같이 잘 만들어진 작품 같은 향나무로 모두 둘렀습니다. 너무 멋있어서 캄캄한데도 마당 불을 켜놓고 강 집사님과 저와 둘이는 너무 행복했습니다. 강 집사님은 마지막까지 자신의 모든 것을 심은 것입니다. 피를 토하면서 이 종의 목회에 희망을 심으신 것입니다.

그러던 삼일 후에 강 집사님은 뜨거운 눈물 한바가지 이 종의 무릎에 쏟아 놓으시고 "전도사님! 먼저 가서 쉬겠습니다. 목회 잘하시고 오세요." 하시고는 제 무릎을 베시고 당신의 영원한 땅으로 가셨습니다. 가신지 14년이 되었는데 아직도 그 나무 보러 한 번도 못 갔습니다. 너무 그리워서 그 나무 붙들고 눈물을 그칠 수 없을 것 같아서요. 아니 이것은 좀 약한 이유입니다. 온 몸, 온 생명을 다 부어서 희망을 심어 주셨으니 좀 보기에도 자랑스럽고 하나님 보시기에도 칭찬할만한 희망의 열매를 가지고 가고 싶어서 입니다. 내가 참 목자로 하나님 앞에 부족함이 없이 서게 되고 목회의 그늘이 모든 사람을 쉬게 하고 치유하는 큰 그늘이 될 때, 당신 앞에 나타나겠다고 기도했기 때문입니다. 그런데 세월이 지나서 아무리 나를 보아도 부족함과 미완성뿐

이니 올 봄에도 당신에게 못갈 것 같습니다. 엊그제 주택 화단에 공작
단풍을 옮겨 심으면서 다시 초심으로 돌아가 그 순수함을 이 땅의
영혼들에게 희망으로 심어주어야겠다는 생각을 했습니다.

이니 올 봄에도 당신에게 못갈 것 같습니다. 엊그제 주택 화단에 공작
단풍을 옮겨 심으면서 다시 초심으로 돌아가 그 순수함을 이 땅의
영혼들에게 희망으로 심어주어야겠다는 생각을 했습니다.

옷

벗으세요

당신의 옷은 갑옷보다 무겁고

당신의 옷은 어둠보다 깊고

당신의 옷은 위선보다 더 두껍습니다.

둥근달이 검은 구름 벗어 던지고 드러나듯이

이 땅의 빛으로 온전히 드러나십시오.

잘못 걸친 옷 때문에

웃음도 날아갔고

자유는 짓눌렸고

행복은 바람 앞에 놓인 촛불 같았습니다.

벗지 못했기 때문입니다.

마치, 수가성 우물가에 여인처럼

헛된 쾌락을 걸치고

위선된 웃음을 걸치고

그 행복에 겨워했던 시간들 뒤에는

실제로 무겁고, 깊고, 두꺼운

그림자가 덮고 있었습니다.

이 행복은 위선이었습니다.

벗지 못했기 때문입니다.

당신을 진리로 온전히 벗겨서

십자가의 물결을 타고 가게 할

행복한 배 위에 태워 놓고 싶습니다.

주님 안에서

주님!.
너무 커서
바다를 바라보다가
아예 계산을 포기하듯이
주님 사랑 무한하기에

우리들의 막대기로
재려 하지 않고
그 사랑 속에 들어가서
그 사랑에 합당하게
살아가기 원합니다.

찬송 고인 마음으로
주님과 교제하고
웃음 가득한 입으로
주님을 노래하기 원합니다.

마르지 않는 기쁨의 샘에서
주님 이름 끌어 올려
생각하고 노력할 때
감사의 눈물이 흐르기를 원합니다.

주님과 동행하는 길
한 걸음 한 걸음
우리의 욕망이 장애가 되지 않도록
주님의 뜻만을 부여잡고
믿음으로 전진하렵니다.

성전터 묵상

구 성전이 사라진
빈 터 위에 서서
버리는 일부터
먼저 해야겠다고
생각했습니다.

욕심을 버리고
분노를 버리고
미움을 버리고
야심을 버리니
내 마음에 피어나는
기쁨의 꽃 때문에
마음에 천국이
내려앉았습니다.

백지에서 그림을

처음 그리듯이
텅 빈 빈터에서
다시 그려보는 거야.

좋은 생각으로
좋은 말로
좋은 꿈으로
내 마음의 피어나는 그 꿈 때문에
천국이 내려앉았습니다.

당신의 뜻 이곳에
당신의 열매
세상에 드러내기에
눈물 대신에
찬송을 드리렵니다.
긴 글보다는
늘 내 마음속에
당신을 별처럼
반짝이게 하겠습니다.

언어를 바꾸십시오

같은 그리스도인 두 사람을 기억합니다. 두 사람이 공통점이 있다면 두 사람 다 가난하다는 것입니다. 소유에 대한 한이 생겨날 만큼 어려웠습니다. 불볕더위를 견디어 내야만 겨우 생활할 수밖에 없는 힘겨운 생활이었습니다. 저는 아직 어린 나이였지만 두 사람의 살아가는 모습, 삶의 태도를 가까이서 읽어 볼 수 있었습니다.

김주식이라는 사람은 술로 세월을 보내면서 기도하는 부인을 구타하면서 늘 입버릇처럼 하는 말이 있었습니다. "확 죽어 버릴 거야." 가정에서는 제왕인데 죽을 이유가 없을 것 같은데, 또 누구보다도 건장한 체구를 가졌는데, 기도하는 현명한 아내를 가졌는데, 그는 입버릇처럼 "확 죽어버릴 거야."

그러던 어느 해 그는 술을 먹고 라면 속에 꿩이 먹고 죽는 사이나를 넣고 정말 말한 대로 확 죽어버리고 말았습니다. 제가 독백하기를 "죽는다고 말하더니 정말 죽었구나, 확 살 거야 그러면 잘 살 수 있었을 텐데..."

한 사람은 이름은 기억나지 않습니다만, 저와 같은 한 씨라는 것만 기억이 납니다. 그는 가난해도 열심히 기도하며 기뻐했습니다. 삶의 태도가 낙관적이고 긍정적이었어요. 그가 하는 말은 친구들에게나 가족들에게 " 이다음에 나한테 돈 꾸러 오지 마." 가난하다고 현재의 자기를 우습게보지 말라는 거지요.

배고프고 힘겨운데 마을 사람들이 인색하고 쌀쌀맞으면 "이담에 나한테 돈 꾸러 오지 마" 하고 대꾸했습니다. 10여년이 흘렀습니다. 정말 그는 그의 말대로, 그의 고백대로 미래가 만들어 졌습니다. 사람들이 그에게 돈 꾸러 갈 정도로 잘 살게 되었습니다. 우리의 말은 자신에게 하는 예언과도 같습니다. 우리가 생각도 말도 신중히 해야 할 이유가 여기에 있어요. 말에는 엄청난 힘이 숨어있고, 좋은 말이든 나쁜 말이든 간에 우리는 자신의 의지와는 상관없이 그 사람을 이끌고 갑니다.

요즘은 병원에서도 환자에게 언어의 처방을 내린다고 합니다. 매일 세 번씩 약 먹는 것처럼 말하게 하는 것입니다. "나는 점점 더 좋아지고 있어!" 이렇게 선포하면 놀랍게도 그 환자는 다른 환자들보다 훨씬 더 빠른 회복세를 보인다는 임상실험 결과입니다. 몇 일전에도 새벽기도에 제가 층계를 올라오는데 할머니 권사님이 "나는 산다. 나는 살아!" 그러면서 계단을 올라가십니다. 그래서 제가 그렇게 선포해 주었습니다. "삽니다. 병 물러갑니다. 살되 영원히 삽니다."

치유 받는 비결

저는 외아들로 자랐습니다. 여동생이 있긴 했지만 형 있는 것이 그렇게도 부러웠습니다. 동네에서나 학교에서 싸우다가 내가 얻어 맞아도 손해고, 때려도 손해입니다. 얻어맞으면 그 억울함을 일러줄 형이 없어서 서럽고, 때려 눕혀서 이겼다고 생각되면 형 있는 애들 형이 와서 나를 때립니다. 이러지도 못하고 저러지도 못하고 하다가 제 속에 결심한 것이 있습니다.

"그래 맞고 살자, 맞고 사는 게 편하지" 성경에도 오른뺨을 치면 왼뺨도 돌려대라 그랬잖냐? 형, 형 부르고 쫓아가서 억울함을 이야기 할 수 없으니 형이 있으면 좋겠다는 생각을 많이 했습니다. 그래서 어릴 때부터 대학까지 조금만 잘해주면 정말 형 같아서 의지하고 속 이야기 다 털어 놓았다가 어떤 때는 속기도 하고 당하기도 하였습니다. 내가 믿는 것처럼 믿어주지 않았습니다.

그래도 뭐니 뭐니 해도, 어릴 때 억울하거나 맞으면 엄마! 악쓰면서 들어오면 불 때서 밥하다 말고 달려와서 울고 돌아오는 나를 꼭 안아 주시고 치맛자락으로 눈물과 콧물을 닦아 주셨습니다. 그리고 우리 엄마는 같이 웁니다. 그리고는 "울고 나니 시원하지"하셨습니다. 내가 가장 사랑하는 품에서 울고 나면 시원합니다. 내게 가장 힘이 되는 사람 앞에서 울고 나면 시원합니다.

다윗은 하나님을 향하여 소리 질렀습니다. "나는 원통합니다. 나는 억울합니다. 내 원한을 풀어주소서" 라며 소리 높여 기도합니다. 하나님께 드린 이런 기도와 응답 때문에 위로와 소망을 갖게 됩니다. 시편 143편에서 시인 다윗은 "내 심령이 속에서 상하며 내 마음이 참담하나이다"라고 고백합니다.

심령이 상할 때 다윗은 가장 먼저 주를 묵상했다는 사실을 성경을 통해 읽어 볼 수 있습니다. 시편 143편 5절에 "주의 모든 행하신 것을 묵상하며 주의 손의 행사를 생각하고"고 했습니다. 주의 행하신 일들을 깊이 묵상했다는 것입니다. 애굽에서 열 가지 재앙으로 하신일, 광야 거쳐 가나안에 이르게 한 일, 하신다고 결정하시면 어떤 경우라도 하시는 약속의 하나님을 묵상하는 거예요 그 하나님이 자신의 상한 마음과 곤경을 해결해 주실 것이라고 믿었습니다. 속상할 때 떠들고, 폭음하고, 설치지 않고 '묵상했다'는 사실을 주목해야 합니다.

상하고 속상할 때 누군가에게 말하고 싶고 하소연 하고 싶을 것입니다. 그러나 침묵해야 합니다. 말보다 침묵이 더 무섭습니다. 떠드는 사람보다 침묵하는 쪽이 더 힘이 있습니다. 시인은 속상할 때 주님의 행사를 묵상했습니다. 주님을 생각하고 그 행하신 능력을 묵상한 것입니다. 즐거울 때나 괴로울 때, 성공했을 때나 실패했을 때, 기쁠 때나 속상할 때, 그때마다 주님을 생각하고 묵상하는 것이 상한 영혼이 치유 받는 비결입니다.

하늘샘의 시작

우리는 보통 생수하면 높은 산에 올라가서 바위 밑에서 흐르는 물이라고 생각합니다. 아니면 수백 미터 암반수를 뚫고 들어가서 끌어올린 물을 생수라고 떠올립니다. 물 검사 안 해도 그런 물이라면 계산 없이 들이마신 후 시원하다하면 '하'그럽니다. 어떤 분은 맥주 먹을 때 '카'하는 맛이 인생의 시원한 맛이라고도 말합니다.

그런데 진정한 생수는 그런 인위적인 맛이 아니라고 생각합니다. 위로부터 내려지는 생수, 하늘샘이 열리면서 하나님이 부어주시는 생수 그것이 우리의 모든 갈증을 해결해 주고 끈이지 않은 기쁨의 샘, 찬송의 샘을 공급해 줄 수 있습니다. 하나님이 주시는 응답은 샘물 같습니다. 그래서 저는 이 응답을 하늘샘 응답이라 부르고 싶습니다.

지난주 메일이 한통 날아왔습니다. " 목사님 하나님이 지켜 주시고 도와 주셔서 제가 3회 연속 최우수 공무원에 선정되었습니다. 베스트 공무원 1위로 당선 되었습니다"보니까 지역신문 경인, 내외, 한양, 수도권 일보 등……. 10개 지역신문에 사진과 함께 실렸어요. 살맛나는 직장 분위기를 만들었다는 것입니다.

이분이 우리 교회 엄기용 장로님입니다. 이 편지 받으면서 우리교인들에게 하늘샘이 열렸구나 하는 감사와 함께 어떤 물을 마신 것보다 하나님이 이루시는 하늘의 샘을 마신 것이 얼마나 시원했는지 모릅니다.

나머지 편지내용도 간단하게 소개하겠습니다.

"하나님은 우리교회 성도들을 크게 축복하시기 시작하셨습니다. 도의회 의장을 세워 주시고, 지난번 예배드렸지요. 우리 젊은이들을 세계만방에 보내셔서 꿈을 키워주고 계신 것입니다. 하나둘 깨어나서 이제 하나님의 크신 축복을 받아들이기 시작한 것이지요……. 지금 태성이도 호주연수 중이고, 지현이도 중국 교환 학생으로, 이미 우 권사님 가정을 러시아 주재관으로, ○전도사를 중국 선교사로 파송, 그 외에 또 있더라구요.. 또는 미국...꿈꾸지 못하던 유학...그리고 그들은 세계 어느 민족과도 겨루어도 1등을 할 수 있다는 것을 확인하고 자신감을 얻기 시작한 것이지요. 목사님의 구호처럼 '세계화 영성화 문화화'가 이루어지고 있는 것입니다."

여러분에게 하늘샘이 열리면 어디를 갔다 놔도 잘됩니다. 무슨 일을 해도 세워집니다. 무슨 계획을 세워도 하나님이 도와주십니다. 여러분이 기도해서 하늘샘만 열기만 하면 기적은 수도 없이 따라오는 것입니다.

지난주 저는 지방 목사님들과 건축축제 중인 지하실에서 예배를 드리면서 신비한 은혜를 경험했습니다. 그래서 그 신비한 은혜를 목사님들에게 교회를 구석구석 설명하면서 이야기 했습니다. 그 은혜는 지하 공간 때문입니다. "동역자 여러분! 지하실은 먼저 하나님이 우리 청소년들과 기도를 사랑하는 사람들에게 주신 선물입니다. 기초공사를 하려고 지하를 팠을 때 물이 너무 나와서 공사를 하기가 힘들었습니다. 그래서 그 물 때문에 고심했었는데, 사람의 계획과 달리 지하 통방석을 치고 기둥을 세우고 지하실을 할 수 밖에 없도록 하나님이 만드셨습니다. 그러고 보니 그때 끝없이 나왔던 그 물이 하늘샘이었습니다. 하늘샘이 나와서 하나님이 지하 공간 청소년 비전센타를 우리에게 선물로 주셨습니다. 하나님이 선물로 허락하신 선물이기 때문에 하늘샘이요. 하나님이 허락하셨기에 비용도 아주 저렴하게 업자의 입을 열어 고백하게 했습니다. 하나님이 주신 하늘 샘의 축복이기 때문에 모든 교회가 다 이렇게 지하를 얻을 수 있는 것은 아닙니다. 하나님을 늘 기뻐하시고 기도하십시요. 그리고 어띤 상황이 와도 하나님을 찬양하고 예배하십시오. 그러면 이런 기적이 당신 교회에도 일어날 수 있을 것입니다"라고 하나님을 품은 교회의 축복에 대해서 설명했습니다. 하나님을 품으면 하늘샘이 열립니다.

주시는 마음

군대 가는 아들을 가진 부모, 군에 보내는 그 심정, 걱정하지 말고 잘 다녀오라고, 하나님이 함께 하시니 두려워하지 말라 해놓고, 아들 앞에서는 눈물을 안보이고 웃다가 돌아서서 훈련소로 걸어들어 가는 아들 뒷모습 바라보고 눈물을 뚝뚝뚝 떨구는 것이 부모의 심정일 것입니다. 우리 어머니도 기도하시면서 하나 밖에 없는 이아들을 군에 보내시면서 그러셨답니다. 지금이야 군에 가는 것이 수련회 가는 건지 구분이 안갑니다. 손에 핸드폰 들고, 복장도 좀 자유스럽지만 그때는 제재가 많았습니다. 어쨌든 그때나 지금이나 억압된 생활 그 자체가 자유를 속박당하는 힘겨운 생활을 이겨내야 되는 것입니다.

그런데 군 생활에 보내는 부모가 아들을 2년 반 혹은 3년, 나라를 위한 공생애 보내면서 그냥 안 보냅니다. 좋은 말이나 위로나 힘이 되는 말을 해서 보냅니다. 우리 아버지도 저를 군 생활 공생애를 보내면서 세 가지 말씀을 하시고 저를 보내신 것으로 기억합니다. 첫째로 겸손해라, 겸손하지 않으면 고참한테 맞습니다. 학벌 자랑하다가 3개월 혜택 받는 것 드러내면 뼈도 못 추렸습니다. 그땐, 아버지가 제 성격 아시고 겸손해라 하셨습니다. 둘째로, 기도해라, 순종했더니 간첩도 잡고 상도 휩쓸고 휴가도 제일 많이 가고 꽃이 피었습니다.
세 번째로, 우리 어머니 하신 말씀 "성질 내지 말아라" 인내하라는
것이었습니다. 그래서 그때 이후로 옛날 성질 다 죽었습니다. 이천고
등학교 다닐 때 수업 끝나고 삽자루, 낫 들고 이천농고 애들하고 싸움
하러 가던 혈기 다 죽었습니다. 친구 서홍택이는 삽에 배를 찔려 세상
을 떠났지만 지금도 수학여행가서 저와 둘이 찍은 사진 보면 곁에
있는 것 같습니다. 후에 부모의 교훈이, 늘 맴돌아 늘 저는 대학 다닐
때나 군에 갈 때나 내가 죽는 것을 최고 목표로 삼고 살았습니다.
그랬더니 내가 죽어야 되고 죽어야 할 수 있는 천직인 목회에 하나님
이 입문 시키셨습니다.

여러분 하나님이 하나밖에 없는 독생자 외아들 예수그리스도를
이 땅에 내려 보내시면서 심정이 어떠하셨을까요? 이깃은 훈련빈으
라고 보낸 군 생활 같은 게 아닙니다. "세상 사람들이 죄 때문에 죽을
것을 네가 대신 죽고 사람들을 살려라. 십자가에 처절한 고통을 당하
여 죽고 인류를 살려라" 그런 특명을 내려서 보내는 아버지의 가슴이
심장이 찢어지도록 아프셨을 겁니다. 외아들을 죽는 곳에 사지로,
보내신 겁니다. 그 아픔으로 우리를 위해 아들을 버리는 사랑으로
우리를 사랑하신 것입니다.

그 아들 독생자 주님이 30년사 생애를 마치고 고난과 죽음으로
이어질 3년 공생에 들어가시게 된 겁니다. 마태복음3:16-17에 예수
님이 세례를 받으시고 물에서 올라오실 때 하나님께서 사역 현장으로
나가는 예수님께 세 가지를 해주시는데 그것이 바로 본문에 나와 있

는 말씀입니다. 첫째, 하늘 문이 열리고, 둘째 성령이 임하셨습니다. 셋째, "너는 내 사랑하는 아들이다. 내 기뻐하는 자라" 는 음성을 주셨습니다. 이것이 예수님이 공생애를 승리하게 한 언어요 약속이었습니다.

내게 있는 것으로

목사의 가슴엔 목사가 너무 많아

양들이 쉴 곳이 없었고

아빠의 가슴에도 목사가 너무 많아

목사의 가정엔 긴장의 얼음판 이었고

내 속엔 내 꿈 너무 많아

목사에게도

아빠에게도

양들에게도

비전 성취, 부흥이

오히려 가시가 되었네

바람만 불면 그 가시들이 찌를 때

목자도

그 가정도

양들도

몹시 몹시 신음한 것이 아니었는가!

쉴 곳 찾아 푸른 초장에 달려온 양들에게

나! 사람의 독초를 나게 하지 않았는가!
목마름으로 달려와 그 샘물에 얼굴 묻은 양들에게
나! 사람의 물감을 타지 않았는가!
나 이제 주님의 사랑에 흠뻑 젖게 되었노라
그 보혈의 강물에 나를 빠뜨린 주님을 감격하노라
나 이제 내속에 그리스도가 살아
그대에게 나비처럼 날아가노라
나 이제 그 사랑의 물결을 타고 그대에게 가노라
여기 와서 쉬십시오
내게로 와서 실컷 마시고 누리십시오
내게 있는 것으로 당신에게 주고 싶습니다
내게 있는 모든 것 되는
예수 그리스도만을 주고 싶습니다
이제 주님만 내게 모든 것 되시기 때문입니다.

뺄셈의 법칙

꿈꾸는 사람들은 자기 존재에 대해서 두려워하지 않습니다. 야곱이 진정으로 꿈꾸는 사람이 되기까지는 자기존재를 부서뜨리는 자기 비움과 내려놓음이 있은 후였습니다. 얍복강 이전에 야곱은 비전의 사람이기 보다는 야망의 사람이라고 말하는 것이 정확한 표현일 것입니다. 야망의 사랑이었던 야곱은 속이고, 거짓말하고, 욕심내고, 이기적이고, 교활하고, 수단과 방법을 가리지 않는 사람이었습니다. 자기 것을 소유하기 위에서 그 모든 행동이 그에게 선으로 여겨졌던 세월이었습니다. 그러나 하나님이 보실 때는 이것은 하나님이 주시는 비전이 아니라 오히려 비전을 가로막는 먹구름이라는 것입니다. 이것을 걷어 내야 한다는 것입니다. 그래서 하나님이 야곱에게 얍복강의 절체절명(絶對絶命)의 순간을 준비하셨습니다. 자기를 내려놓지 않으면, 자기 인생에 자기를 빼버리지 않으면 하나님이 일하실 수 없다는 절대교훈을 심어 주기위해 사면초가의 순간에 서게 하십니다. 하나님보다 내가 앞서는 비전은 비전이 아니라 야망에서 끝날 수 있기 때문입니다. 하나님의 기업을 이어갈 비전 메이커(Vision Maker)가 되려면 나를 빼는 작업이 선행되어야 하기 때문입니다.

하늘샘 토평교회 지하 청소년 만남의 광장에 '야곱의 꿈'이라는 벽화를 보시면 사다리도 있고, 돌도 있고, 하늘도 있는데 야곱은 없습니다. 아무리 눈비비고 살펴보아도 돌베개 베고 꿈꾸는 야곱이 없습니다. 야곱이 없어져야 그에게 비전의 세계가 열린다는 것입니다. 그에게 끝이 없는 하늘의 세계가 열린다는 것입니다. 나를 뺀 그 자리에서 하나님이 일하시고 또 앞서 가시면서 비전의 하늘을 여신다는 것입니다. 비록 고난의 자갈밭, 가시밭길을 밟을지라도 나를 빼고 그 자리에 하나님이 계시면 더 이상 방황은 끝이 나고 하늘과 땅이 연결된 담장(불가능) 넘어가는 축복의 주인공이 되는 것입니다.

문화홀 강단에 있는 벽화인 '오병이어의 기적'도 같은 맥락에서 이해해도 되리라 생각합니다. 어떤 삶의 목적, 어떤 방향, 어떤 문화의 옷을 입었을 지라도, 그 어떤 다양성을 가지고 있다 할지라도 주님께 가지고 오면 문제가 안 됩니다. 가난, 궁핍, 방황, 상처, 낙심, 우울함, 그 어떤 것이라도 가지고 와서 주님께 드리면 하나도 문제가 안 됩니다. 가지고 오지 않는 것이 문제가 될 뿐입니다. 소년이 주님께 가지고 온 보리떡 다섯 덩이와 물고기 두 마리는 물질이라기보다 소년의 모습 전체입니다. 소년의 삶과 가정, 성격, 정서가 들어 있는 그 모습을 주님께 보여 드린 것입니다. 분명히 도시락 내용으로 볼 때 가난한집 아이요, 소외된 가정의 아이입니다. 희망을 상실할 것 같은 환경에서 자란 아이에게 주님이 손을 대신 것입니다. 오병이어를 축복하신 것이 아니라 아이의 전체 인생을 축복하신 것입니다. 거기에서 여자와 아이 외에 오천 명 이상 축제할 정도로 먹고도 12광

주리가 남는 기적이 연출된 것입니다. 모든 계층이 하나가 되어 춤추는 문화의 기적이 일어나고야 만 것입니다. 소년이 자기를 비우고, 자기를 완전히 빼고 그 자리에 주님을 계시게 했기 때문에 가능한 기적이었습니다. 문화홀에 들어오는 모든 이들에게 그 모습 전체를 만지시는 오병이어의 손을 만나시기 바랍니다.

우리교회 양태홍 도의장의 구리시 목회자들 앞에서 또 우리 교우들 앞에서 "나는 하나님 아니면 안됐다. 하늘샘 토평교회 아니면 이 자리에 설 수 없었다"는 고백은 담임목사인 저로서는 감동되는 말입니다. 왜냐하면 내가 빠지면 하나님이 높이시거든요. 승리주시거든요. 이게 뺄셈전략입니다.

세상은 자신감과 교만을 부추기지만, 하나님은 겸손을 불러일으키십니다. 하나님의 성공전략은 우리의 전략과 매우 다릅니다. 우리는 세상이 주는 모든 도움을 의지해 자아를 실현 하려고 애쓰지만 하나님은 양파를 벗겨내듯 우리의 자아를 한 꺼풀, 한 꺼풀 벗겨 내세요. 우리는 덧셈을 하듯 성공과 성취를 쌓아갈려고 하지만, 하나님은 뺄셈을 하듯 그것들을 하나씩 하나씩 공제해 나가십니다.

사사시대 미디안 대군이 이스라엘을 점령할 무렵, 이스라엘 백성들은 하나님 탓만 했지 깨달을 줄 몰랐습니다. 하나님의 뺄셈 전략을 눈치 채고 빨리 두 손 들어야지요. 빨리 자아를 버리고 하나님으로 채워야지요. 이걸 원하시고 있는 것입니다. 그래서 하나님 입장에서 이스라엘 교만, 자아, 고집 완전히 빼기 위해서 전무후무한 병력 미디안을 사용하신 것입니다. 사방에 공격하는 눈이 있어서 짐승새끼 한 마리도 살수 없는 환경이 온 것 입니다. 두 손 번쩍 들었어요. "부르짖었더라"고 말씀했습니다. 하나님 버린 것 회개합니다. 내 지식, 경험, 고집 붙들고 빼지 않은 것 회개합니다. 그래서 하나님이 이스라엘 백성들을 구원하기 위해서 기드온이란 사람 부르신 것입니다.

교환(交換)

우리시대 시골 놀이문화 가운데 딱지치기가 있었습니다. 딱지 접으려고 집에 있는 종이란 종이, 상자 곽이란 곽은 남아나는 게 없었습니다. 잘 접어서 머리맡에 놓고 잠을 자면 가슴이 뿌듯해서 잠이 잘 왔습니다. 딱지가 어린애 가슴에 재산입니다. 그러면 그 다음날 그 접은 딱지치기를 힘차게 하다가 동네 형들에게 다 잃어 빼앗깁니다. 집으로 발걸음을 떼기가 힘들어서 해가 뉘엿뉘엿하면 얼굴에 풀이 푹 죽어가지고 들어갑니다. 그리고 흙 묻은 딱지 몇 장 던져 놓으면, 지금 목회하시는 작은 아버지가 새 종이에 빳빳한 딱지를 접어서 헌 딱지와 바꾸어 주셨습니다. 두 장 주고 수십 장을 바꾸어주는 겁니다. 그러면 다시 힘을 얻어 잠을 잡니다. 그 다음날 기쁨으로 하루를 시작합니다. 몇 번 그렇게 하고 나서 제 어린 마음속에 그런 생각이 자리 잡았습니다 . "그래, 딱지 먹기 하다가 다 잃어도 작은 아버지께 이야기 하면 새 것으로 더 좋은 것으로 만들어 주시고 바꾸어 주신다." 그런 생각이 제 어린 시절에 날개를 달아 주었던 것 같습니다.

성도는 어떤 어려움이 있어도, 어떤 실패와 상처가 있어도 십자가 밑에 나아가면 새것으로 바꾸어 주십니다. 더 좋은 것으로 바꾸어

주십니다. 그래서 십자가 밑은 즐거운 장터입니다. 헌 물건 주고 더 좋은 것으로 교환해 주시는 신바람 나는 장터입니다. 십자가 밑에 가면 여러분 인생에 날개를 달아주십니다. 세상으로 나아가면, 사람 의지 하면 당신의 날개를 꺾지만 주님은 날개를 달아 주셔서 신바람 나는 인생을 살게 하십니다.

여러분 남편의 날개를 꺾지 마시고 그렇게 하십시오. 아침에 출근 하기 전에 지갑확인하고 몇 장 안 들어 있으면 몇 만원이라도 더 넣으 십시오. 그리고 편지 한 장을 지갑에 넣습니다. 그리고 내용 "당신 멋있어, 훌륭해, 최고야, 기죽지 말고 지갑에 오 만원 넣었으니 물 쓰듯이 써 여보……." 그러면 남편이 일터에 가서 읽어 눈물이 나고 기가 사는 겁니다. 이게 날개를 달아 주는 것입니다. 집에서 남편 날개 꺾어 놓으면 나가서 하루 종일 일도 안 되고 기분 나쁘고 성질나 고 일도 하고 싶지도 않습니다. 날개를 접은 철새가 되게 하지 마십시 오. "날개를 접은 철새처럼."

아내들도 부엌에서 신바람 나게 가정 일 하도록 날개를 달아주어야 합니다. 매일 사랑한다 고 하십시오. 그 말이 빈말인줄 알아도 기뻐하 고 좋아하는 게 여자입니다. "예쁘다 어울린다. 맛있다" 더하기 장미 한 송이……. 가끔 그렇게 해 보십시오. 반찬도 신바람 반찬, 서비스도 신바람 서비스, 헌신도 신바람 헌신으로 바꾸어집니다. 남편 못하는 데 시댁에 죽어라 헌신하는 사람 없습니다. 가정은 즐거운 교환 장소 가 되어야 합니다. 신바람 교환 장소가 되어야 합니다.

접촉

지난 겨울이 지나가는 길목에서 봉헌을 앞두고 따듯한 봄이 모락모락 올라 올 때, 그때가 기억납니다. 저는 커피를 잘 마실 줄 모르지만 향기는 맡을 줄 알고 분위기는 좋아합니다. 봄을 더 따듯하게 하고 마음을 더 온화하게 만들어 주었던 것은 하늘샘 토평교회 북 카페에서 풍겨왔던 커피 향 때문이었습니다. 그래서 숭늉처럼 약하게 향만 나게 만들어 달라고 주문해서 커피를 마신다기 보다는 향을 마시는 시간을 잠시 가져 봤습니다.

커피 잔의 따듯한 느낌이 손바닥을 거쳐 손가락 마디마디까지 번져와 점점 온몸을 따듯하게 만들었습니다. 심장까지 와 닿는 따듯함과 코끝으로 모락모락 스며드는 커피향이 어우러져 마치 신비로운 마법에 걸린 것 같았습니다. 머릿속을 짓누르던 온갖 걱정들이 순식간에 사라지면서 내 영혼이 날아갈듯 상쾌해졌습니다.

커피 잔과 손바닥과의 접촉, 그리고 커피와 입술, 혀, 목구멍과의 접촉 이것만 가지고도, 메말랐던 내 마음이 이 작은 접촉 하나만 가지고도, 뜨겁게 달구어지고 회복될 수 있었던 경험이 있었습니다.

어릴 때 시골에서 보면 거의 집집마다 개 한 마리씩은 키우고 있었습니다. 집에서 남은 음식 먹으라고 키우기도 하고 집 지키라고 키우기도 하고 몸보신용으로 키우기도 합니다. 거의 똥개입니다. 애들이 큰 일보면 "워리", 그러면 어디 있다가 쏜살같이 와서 비데보다 더 깨끗하게 청소해 줍니다. 그런데 집집마다 개들 보면 때깔이 다릅니다. 주인이 어루만지고 머리 쓰다듬는 개는 살도 골고루 털이 깨끗하고 기름집니다. 주인이 집안일 부부싸움, 애들 문제, 스트레스를 개한테 푸는 가정에서, 괜히 죄 없는 개를 발로 차고 밥 먹는 개밥그릇 엎어버리고 쓰다듬다가 갑자기 머리 때리고 하는 개를 보면 비썩 마르고 털도 거칠고 인상도 안 좋습니다. 나중에 집 나가서 신작로에 가서 교통사고 나는 경우도 봤습니다. 주인 사랑 받고 터치 받으면 그 접촉 때문에 개도 함부로 안 나간답니다. 주인 곁이 좋으니까요.

주님의 손은 힐링 터치(healing touch)의 손입니다. 가정을 사업을 자녀를 영혼을 교회와 민족을 어루만지실 줄 믿습니다. "우리 주님 예수께서 나를 어루만지셨네, 오 주여 이 죄인이 다시 눈물 흘립니다. 나의 몸과 영혼까지 아무 걱정 없습니다."

우리를 만드신 생명의 주인이신 주님이 왜 연약한 자를 향하여, 병든 자를 향하여, 상처 입은 사람들을 향하여 접촉을 즐겨 사용하셨을까요? 특히 병든 자를 향한 주님의 접촉은 특별했습니다. 주께서 만드신 우리 몸이 스트레스나 슬픔에 처하면 호르몬이 과다하게 분비하게 되어 신장이 피곤해 지고 저항력이 약해져서 쉽게 병에 걸린다는 겁니다. 그럴 때 누군가가 따뜻하게 안거나 어루만지면 병을 이길 수 있는 자생력이 증가한다는 겁니다. 천지를 창조하신 우리 주님과 접촉한다면 어떻게 되겠습니까?